Katja Krolzik-Matthei

§ 218

**Feministische Perspektiven auf die
Abtreibungsdebatte in Deutschland**

geschlechterdschungel

UNRAST

Bibliografische Information der Deutschen Bibliothek:
Die Deutsche Bibliothek verzeichnet diese Publikation
in der Deutschen Nationalbibliografie; detaillierte
bibliografische Daten sind im Internet über
http:// dnb.ddb.de abrufbar.

Katja Krolzik-Matthei
§ 218

unrast transparent
geschlechterdschungel
Band 5

1. Auflage, März 2015
ISBN 978-3-89771-131-0

© UNRAST-Verlag, Münster
Postfach 8020, 48043 Münster – Tel. (0251) 66 62 93
info@unrast-verlag.de – www.unrast-verlag.de
Mitglied in der assoziation Linker Verlage (aLiVe)
Umschlag: Unrast Verlag
Satz: Unrast Verlag
Druck: Interpress

Inhalt

Vorwörtliches

Dieses Buch basiert auf meiner Masterthesis, die ich 2013 am Institut für Angewandte Sexualwissenschaft der Hochschule Merseburg eingereicht habe. Der Inhalt war also zunächst als wissenschaftliche Qualifikationsarbeit angelegt. Ich habe mich bemüht, das Buchmanuskript zu entwissenschaftlichen. Vor allem im zweiten Teil, der Darstellung von Befunden aus Interviews, mag das gelungen sein. Im ersten Teil, in dem ich unterschiedliche Zugänge zum Thema Abtreibung erläutere sowie einen Abriss über historische Entwicklungen skizziere, haftet dem Text das Wissenschaftliche an. Zu schwer fiel es mir, mich von mühsam Erarbeitetem zu trennen.

Diesen Text veröffentlichen zu dürfen, sehe ich als große Chance, dem Thema Abtreibung wieder (Gesprächs)Raum zu verschaffen. Mit dem Buch möchte ich zum Nachlesen, Nachdenken und Nachfragen anregen. Einige Lücken in der Bearbeitung des Themas sind mir durch Gespräche bereits bewusst geworden. Ich lade alle Leser_innen ein, mir weitere Lücken aufzuzeigen und Geschriebenes zu hinterfragen. Vor allem aber wünsche ich mir, dass dieses Buch dazu beitragen kann, dass über Abtreibung als Teil der Lebensrealität vieler Frauen wieder gesprochen wird: privat und öffentlich, persönlich und politisch, in der Straßenbahn und auf Podien. Die Interviewbefunde geben zweifelsohne nur einige Sichtweisen auf die Abtreibungsdebatte, ihre Geschichte und ihren aktuellen Stand wieder. Ich freue mich, wenn ich Leser_innen dadurch anregen kann, sich ihrer eigenen Sichtweise bewusst(er) zu werden und sie mit anderen zu diskutieren.

Dank sei an dieser Stelle gestattet. Er gilt: meine acht Interviewpartnerinnen, Ulrike Busch, Claudia Franke und Carolin Demus, Heinz-Jürgen Voß und ganz besonders Keule.

1 Annäherung ans Thema

Die Debatte um Abtreibung[1] kann sich immer auf zwei Ebenen bewegen: einer individuellen und einer generellen. Erste fragt, inwiefern eine Frau in ihrem *individuellen* Fall eine ungewollte Schwangerschaft abbrechen darf und wem in diesem individuellen Fall das Entscheidungsrecht zukommt.

Die *generelle* Ebene fragt danach, ob es eine Gesellschaft grundsätzlich gestattet, dass Abtreibung stattfinden darf. *Generell* kann auch darüber verhandelt werden, wer das Recht hat, diese Frage zu entscheiden. (Vgl. Busch, 2012, S. 5)

Beide Ebenen sind nicht voneinander zu trennen. Der vorliegende Text beschäftigt sich nicht primär mit individuellen Erfahrungen, sondern nimmt das Gesamtgesellschaftliche zum Ausgangspunkt.

Empirische Befunde sowie Expert_innen-Meinungen[2] zeigen, dass – je deutlicher eine Abtreibung auf die Bedürfnisse und die Entscheidung der Frauen zurückgeht – die Zustimmung zu dieser Entscheidung abnimmt. Die gesetzlich zugebilligte Möglichkeit eines Schwangerschaftsabbruchs bedeutet also nicht zwingend eine Anerkennung des Selbstbestimmungsrechts von Frauen. Eine ähnliche Feststellung macht auch Hahn (2012): »Die [Selbstbestimmung, Anm. d. Verf.] ist wirklich nirgendwo Thema.« (Ebd., S. 9). Ebenso wurde dieser Zusammenhang auf der 2010 stattgefundenen Tagung »Schwangerschaftsabbruch zwischen reproduktiver Selbstbestimmung & Kriminalisierung – neue/ alte Diskurse« (HS Merseburg), die als maßgeblich

---

1 Bereits im Titel wird bewusst der Begriff »Abtreibung« verwendet. Ich möchte damit an die feministischen Diskurse um das Thema in den 1970er und 1980er Jahren anknüpfen und mich gemein machen mit jenen, die auch im 21. Jahrhundert für das Recht auf freie Entscheidung eintreten. Die Aneignung des Begriffs durch Abtreibungsgegner_innen soll damit unterminiert, die Wiederaneignung des Themas durch emanzipatorische Akteur_innen unterstützt werden.
2 Die finden sich bisher jedoch nur sehr eingeschränkt in der Literatur wieder. Die Feststellung, dass es diese Einschätzungen gibt, stützt sich vor allem auf persönliche Gespräche und Diskussionen.

für die breitere Wiederbelebung der Debatte gelten kann, diskutiert.

Das Buch fragt zunächst ganz grundsätzlich, inwiefern diese Feststellungen zu gewachsener Sprachlosigkeit unterfüttert werden können:

1. Inwiefern existiert eine Sprachlosigkeit in Bezug auf Abtreibung?

Dazu gehört auch, herauszuarbeiten, wie sich diese Sprachlosigkeit gestaltet, wie und wo sie wahrnehmbar ist, und die bisher nur in Ansätzen veröffentlichten Einschätzungen öffentlich zu machen.

Weiterhin interessieren die Begründungszusammenhänge der Sprachlosigkeit. Für den Rahmen dieser Arbeit erscheint die Befassung mit der gesamtgesellschaftlichen Debatte allerdings zu komplex und umfänglich. Vor allem findet die Suche nach den Hintergründen deshalb dort statt, von wo aus die Abtreibungsdebatte im Laufe des 20. Jahrhunderts lautstark und vehement geführt wurde: der feministischen Bewegung. Daraus ergeben sich zwei weitere Fragen:

2a. Welche Begründungszusammenhänge für die Sprachlosigkeit können ausgehend von einer feministischen Perspektive gefunden werden?

2b. Welche Begründungszusammenhänge für die Sprachlosigkeit in Bezug auf Abtreibung finden sich innerhalb der feministischen Bewegung?

Im Sinne angewandter Sexualwissenschaft versucht der Text, mit Handlungsimpulsen für eine emanzipatorische/feministische Praxis zu schließen. Aus einer bloßen Feststellung des Ist-Zustandes scheint dies schwierig, weshalb eine dritte Fragestellung die Tendenzen fokussiert:

3. Wie wird sich die Abtreibungsdebatte entwickeln und wodurch lässt sich diese Entwicklung beeinflussen?

In der Darstellung des Forschungsstandes und im weiteren Verlauf werden die Arbeiten berücksichtigt, die sich mit dem Phänomen der Abtreibung an sich, der Entwicklung von Sanktionsregelungen, der Einstellung der Bevölkerung gegenüber der Abtreibung und der Abtreibungsdebatte beschäftigen[3].

Im ersten Teil werden zur Einordnung in den Forschungszusammenhang bisherige Analysen des Gegenstandes dargestellt. Wenngleich mehrere zentrale Werke einfließen, basiert die Struktur dieser Darstellung auf den von Jerouschek (2002) benannten drei Bereichen, die eine Sanktionierung von Abtreibung legitimieren: eine patriarchale Kultur (die vaterrechtliche Motivierung), eine Definition vom Beginn menschlichen Lebens (die christliche-personale Motivierung) und eine bevölkerungspolitische Absicht (vgl. ebd., S. 198). In einem historischen Abriss wird skizziert, wie sich die Abtreibungsdebatte innerhalb verschiedener Phasen der *weißen* Frauenbewegung in Deutschland entwickelt hat. Im zweiten Teil werden die Ergebnisse der Interviews ausführlich dargestellt und erörtert.

---

3   Aufgrund der übersichtlichen Quellenlage sind das im Wesentlichen: Jerouschek (2002), von Behren (2004) und Boltanski (2007). Nicht berücksichtig werden Arbeiten mit eher individual-psychologischem und medizinischem Hintergrund sowie Literatur, die einen dezidiert Abtreibung ablehnenden Hintergrund aufweist. Ebenso liegt der Fokus, wie beschrieben, auf den Debatten um Abtreibung als einem Akt der Selbstbestimmung von Frauen. Die Arbeit behandelt nicht die Abtreibungsdebatte im Zusammenhang mit Abtreibungen aufgrund medizinischer Indikation, Spätabtreibungen und damit zusammenhängenden Auseinandersetzungen um Pränataldiagnostik. Diese Themen werden nicht vollständig auszublenden sein, stehen aber nicht im Zentrum.

2 Drei Aspekte einer Debatte

Frauenlast oder Frauenrecht – Abtreibung und Geschlecht

Über den Abbruch einer ungewollten Schwangerschaft zu entscheiden und den Abbruch unter bestimmten Bedingungen vornehmen zu lassen, geschieht in Abhängigkeit einer gesellschaftlichen Verfasstheit von Geschlechterverhältnissen (vgl. Jerouschek, 1996, S. 13).

Die Praxis der Abtreibung gehört in den Bereich weiblicher Macht und entzieht sich in letzter Konsequenz dem Zugriff durch die Gesellschaft, beispielsweise der Politik. Durch ihre Zugehörigkeit zur traditionell *weiblichen* Sphäre nimmt sie die Rolle von etwas Offiziösem[4] ein (vgl. Boltanski, 2007, S. 41). Damit war und ist Abtreibung zwar eine über alle Zeiten und in allen Gesellschaften stattfindende Praktik (vgl. ebd., S. 35). Jedoch handelt es sich um eine Praktik, die, sofern sie in diesem offiziösen Raum verbleibt, verschwiegen wird und nicht offen thematisiert werden darf. Damit hängen auch die Bedingungen, unter denen sie durchgeführt wird, beispielsweise von der individuellen gesellschaftlichen Stellung oder Willkür von Ärzt_innen ab. Basiert die Verortung der Abtreibung im Offiziösen auf der Unterteilung gesellschaftlicher Bereiche in eine *männliche* Sphäre, die sich im öffentlichen Raum (im Offiziellen) abspielt, und in eine *weibliche* Sphäre, die auf den privaten Bereich (das Offiziöse) beschränkt ist, ist das Ausmaß, in dem eine Gesellschaft dieser traditionellen Unterteilung verhaftet ist, ausschlaggebend dafür, welche Öffentlichkeit der Abtreibung zukommt, wer Zugang

---

4 Boltanski (2007) beruft sich hier auf Pierre Bourdieu, der in *Entwurf einer Theorie der Praxis auf der ethnologischen Grundlage der Kabyllischen Gesellschaft* (1972, Frankfurt/ Main: Suhrkamp) die Bereiche des Offiziellen, das einen öffentlichen, feierlichen, kollektiven Charakter hat, und des Offiziösen, das einen schändlichen, illegalen Charakter hat, unterscheidet. Männern* kommt die Macht im Offiziellen zu, Frauen* die Macht im Offiziösen.

dazu hat und unter welchen Bedingungen Abtreibungen durchgeführt werden. (Vgl. ebd., S. 40 f.)

In eindeutig patriarchalen Gesellschaften war Abtreibung verboten – für Frauen. Männer – als Familienoberhäupter – hatten das Recht zu entscheiden, wann und wie sich die eigene Nachkommenschaft entwickelte. (Vgl. ebd., S. 32 ff.)

Boltanski (2007) beschreibt anhand der mitteleuropäischen Gesellschaft des 17. Jahrhunderts den Zusammenhang zwischen Geschlechterhierarchien und dem Umgang mit Abtreibung. Sexualität sollte vorrangig der Zeugung legitimer Nachkommen dienen. Legitim bedeutete, von Mann und Frau, die in einer legitimen Beziehung (Ehe) zu einander standen, gezeugt und zusätzlich von den Verwandten als Familienmitglied anerkannt worden zu sein. Eine schwangere Frau hatte zwar die Möglichkeit, die Schwangerschaft abzubrechen, auf eigenen oder auf Wunsch des Erzeugers. Sie tat dies aber auf eigene Gefahr. Physische, psychische oder soziale Konsequenzen musste sie tragen. Missbilligung war ihr im Falle des Bekanntwerdens sicher. Hinzu kam die Problematik außerehelicher Sexualität, die Männern zustand, Frauen jedoch Verachtung einbrachte. Eine Schwangerschaft als Folge illegitimen Verkehrs konnte nur illegitime Nachkommenschaft erzeugen. Die Frauen mussten entscheiden, welche Schmach die geringere ist: Abtreibung oder Austragen einer illegitimen Schwangerschaft. Auch in diesen Gesellschaften spielte sich Abtreibung im Offiziösen ab. Sie erfuhr beides, Missbilligung und Duldung (durch die herrschenden Autoritäten), war sie doch notwendig zum Erhalt des Systems. (Vgl. Boltanski, 2007, S. 137 ff.)

Wie sich die gesellschaftliche Haltung gegenüber der Abtreibung mit Veränderungen im Geschlechterverhältnis wandelt, zeigt von Behren (2004) am Beispiel der Zeit der Weimarer Republik. Er beschreibt ausführlich, wie Frauen während des Ersten Weltkrieges notgedrungen Aufgaben übernommen und Rollen erfüllt hatten, die ihnen bis dahin nicht zustanden, und auch danach, in Ermangelung von Männern, zu Haupt- oder Alleinernährerinnen ihrer Familien wurden. Die damit einhergehenden Veränderungen spiegelten sich selbstverständlich im gesamtgesellschaftlichen Geschlechterverhältnis wider. Frauen wollten nicht nur gleiche Aufgaben, sondern auch gleiche Rechte, und ein zentraler Gegenstand der Frauenproteste war die Abschaffung des § 218 StGB[5]. (Vgl. ebd., S. 234 ff.)

Auch in der zweiten Welle der Frauenbewegung[6] war diese Forderung zwar zentral, aber untrennbar verbunden mit einer Vielzahl anderer Forderungen nach mehr Gleichberechtigung. Wie Marx Feree et al. (2002) in ihrer vergleichenden Untersuchung der Abtreibungsdebatte in Deutschland (BRD) und den USA[7] herausfanden, war Abtreibung in Deutschland immer eindeutig ein *Frauenthema*. Die Forderung nach Abschaffung des Paragraphen war die Forderung nach einem Recht für Frauen auf freie Entscheidung (vgl. ebd., S. 135). Folgerichtig waren die Sprecher_innen in Deutschland auch hauptsächlich Frauen. Männer beteiligten sich zwar auch, allerdings standen sie eher auf der anderen Seite. Wenn sie sich für ein Recht auf Abtreibung aussprachen, dann weniger aus der Überzeugung, dass es hier um ein Recht für Frauen geht, als aus dem Wunsch, unerwünschte Folgen von Restriktionen zu vermeiden[8].

Diese Polarisierung von Abtreibung als *Frauenthema*, das vorrangig von Frauen diskutiert wurde, führte laut Marx Feree

---

5 §218 StGB regelt seit 1871, zu welchen Bedingungen in Deutschland Abtreibungen durchgeführt werden können.

6 Näheres zur Frauenbewegung siehe Kapitel 3

7 Zwei Forschungsgruppen, in Deutschland und den USA, haben Mitte der 1990er Jahre anhand von Inhaltsanalyse von Artikeln großer Zeitungen (in Deutschland *FAZ* und *SZ*) und von Papieren (Flugblätter, Positionspapiere etc.) von Akteursgruppe (Pro- und Anti-Abtreibung) sowie qualitativen Interviews mit ausgewählten Vertreter_innen der Gruppen die Abtreibungsdebatte von 1976 bis 1994 hinsichtlich Themen, Themengewichtung, Sprecher_innen u.a. untersucht.

8 In den USA war die Debatte nicht in diesem Ausmaß geschlechtsspezifisch geprägt. Die Argumentationen für eine Abschaffung des Abtreibungsverbots zielte mehr auf das Recht jedes Menschen, über das eigene Leben frei zu bestimmen, und rührte damit an amerikanischen Wurzeln. Marx Feree et al. führen jedoch an, dass dies v.a. aus strategischen Gründen so gehandhabt wurde, weil dadurch ein breiterer Personenkreis für die Sache gewonnen werden konnte. (Vgl. Marx Feree et al. S. 139).

et al. zu einer gewissen Isolation des Themas. (Vgl. Marx Feree et al., 2002, S. 135)

Das gegenwärtige Geschlechterverhältnis stellt sich mitnichten so eindeutig dar, wie es in den bereits angeführten Zeiträumen der Fall war. Gerade die beiden Frauenbewegungen haben zu immensen Veränderungen zugunsten *weißer*, mehrheitsdeutscher Frauen geführt. Ob die sogenannte *Frauenfrage* gelöst ist, wird demnach auch äußerst unterschiedlich beantwortet. Schwarze Frauen und Women of Color blieben und bleiben in besonderer Weise in der Auseinandersetzung marginalisiert. Die wahrnehmbaren Debatten darüber werden von *weißen*, mehrheitsdeutschen Frauen geführt. Auch unter privilegierten Frauen gibt es große Uneinigkeit. Auf der einen Seiten steht die Position, dass eine besondere Beachtung, Förderung oder Schutz für Frauen nicht (mehr) notwendig sei, da jede selbst in der Lage sei, im gegebenen System für sich und ihr Fortkommen zu sorgen. Gleichberechtigung wird als verwirklicht angesehen und Ungleichheiten als Versagen jeder Einzelnen betrachtet.

Unterschiedliche, nicht nur, feministische Sichtweisen zweifeln derlei Verlautbarungen an, mit verschiedenen Begründungen und differierender Vehemenz zwar, aber doch einheitlich in der Feststellung, dass (auch) die westliche Gesellschaftsordnung – bei allen tatsächlichen Verbesserungen für Frauen – nach wie vor patriarchal überformt ist, die Machtverhältnisse zugunsten von Männern ausfallen[9]. (Vgl. Holland-Cunz, 2003, S. 7)

Holland-Cunz (2003) entgegnet denen, die die Relevanz einer Auseinandersetzung mit feministischen Themen infrage stellen, dass diese Themen solange relevant sind, solange Frauen zahlenmäßig nicht entsprechend ihres Anteils an der Bevölkerung in öffentlichen Leitungspositionen vertreten sind und solange »Armut, Gewalt und Ausbeutung für viele Frauen weltweit tägliche Realität sind [...]«. (Ebd., S. 7).

Wenn Abtreibung in Deutschland aufgrund der starken Konnotation als Frauenrecht und die Abschaffung des Abtreibungsverbots mit der Abschaffung von Asymmetrien im Geschlech-

---

9 Empirische Belege u.a. hier: *Closing the Gender Gap: Act Now* (OECD 2012)

terverhältnis einhergingen, stellt sich die Frage, welche Ursachen für die gegenwärtige Sprachlosigkeit damit in Zusammenhang stehen. Gleichermaßen fragt sich, inwiefern die kontroverse Wahrnehmung von Ungleichheiten und Ungleichbehandlungen zur Sprachlosigkeit beitragen.

Der Fötus als Gegenstand der Abtreibungsdebatte

Mit der Verbreitung des Christentums im europäischen Raum trat neben den patriarchalen Charakter des Abtreibungsverbots das Lebensrecht des Fötus. Das wurde dem Recht der Frauen auf freie Entscheidung nicht nur gegenüber, sondern sogar vorangestellt. Damit entstand eine weitere Legitimation, um Abtreibung zu verbieten. (Vgl. von Behren, 2004, S. 27)

Dass ein Fötus ein Recht auf Leben habe, Abtreibung mithin ein Tötungsdelikt darstelle und als Verbrechen geahndet werden könne, begründet sich in der christlichen Lehre damit, dass jede Empfängnis gottgewollt und damit jeder Fötus gleich an Wert sei. Somit hat die Schwangere nicht die Möglichkeit, selbst über den Wert, den diese Schwangerschaft für sie hat, zu entscheiden:

> »Alles, was im Voraus bestätigt […] wird, entgeht der Allmacht einer weltlichen Autorität, welche auch immer es sein mag.« (Boltanski, 2007, S. 129)

Frauen, die sich dem Austragen einer ungewollten Schwangerschaft widersetzten, handelten also nicht nur der Macht des Vaters, sondern der Macht Gottes zuwider (vgl. ebd., S. 132).

Die im 5. Jahrhundert entstandenen verworrenen und widersprüchlichen Definitionen der Kirchenväter, die in Anlehnung an Aristoteles definierten, ab wann ein Fötus als beseelt zu gelten hat, stellt Jerouschek (2002) in der umfassenden Arbeit »*Lebensschutz und Lebensbeginn. Die Geschichte des Abtreibungsverbots*« ausführlich dar[10]. Diese Definitionen hatten insofern Bedeutung, als das eine Abtreibung vor der *Beseelung* (bei weiblichen Föten vor dem 80., bei männlichen vor dem 40. Tag) eine geringere

---

10 Für eine ausführliche Erläuterung vgl. Jerouschek, 2002, S. 43 ff. .

Strafe nach sich zog, als die Abtreibung nach dieser Frist (vgl. Jerouschek, 2002, S. 43; Boltanski, 2007, S. 132 f.). Laut Boltanski (2007) wurden diese Überlegungen zunächst aus rein theologischen Gründen im Zusammenhang mit der Erbsünde und der Notwendigkeit der Taufe zur Aufnahme in den Kreis der *Kinder Gottes* angestellt.

> »Als sich dann eine Debatte über Abtreibung entwickelt, das heißt im wesentlichen im 19. und insbesondere 20. Jahrhundert, und die Christen versuchen, sich auf die Kirchenväter berufend, Argumente zu schmieden, da rückt an die erste Stelle die Frage nach der Beseelung [...]«. (Ebd., S. 131)

Daraus entwickelte sich die Frage, ab wann der Fötus eine Person und damit Träger aller personalen Rechte sein kann. In der Strafgesetzgebung zur Abtreibung spiegeln sich noch heute diese Fristen wider (vgl. § 218a Absatz 1 Satz 3 StGB). Bemerkenswerterweise fanden Marx Feree et al. (2002) in der bereits beschriebenen Untersuchung heraus, dass der Fötus in der deutschen Abtreibungsdebatte (im Untersuchungszeitraum von 1976 – 1994) das am häufigsten zur Sprache gekommene Thema[11] war (vgl. ebd., S. 113). Diese Thematik wurde sowohl von Abtreigungsgegner_innen als auch von Befürworter_innen verwendet. Allerdings fanden sich Aussagen im Zusammenhang mit dem Fötus bei den Gegner_innen zu 64 Prozent und bei den Befürworter_innen zu 10 Prozent[12] (vgl. ebd., S. 119).

Mit der durch medizinischen Fortschritt ermöglichten Sichtbarkeit des Fötus ging darüber hinaus eine Veränderung in der Wahrnehmung einer Schwangerschaft in der Gesellschaft und auch eine Veränderung im Schwangerschaftserleben der Frau-

---

11 22 Prozent der analysierten Aussagen hatten den Fötus zum Gegenstand, 9 Prozent die weibliche Selbstbestimmung (vgl. Marx Feree et al. S. 113).

12 Gerhards (1998) (in einer eigenen Publikation, in der die Ergebnisse der deutschen Forschungsgruppe zu der in 2.1 beschriebenen Vergleichsuntersuchung dargestellt werden) legt dar, dass der Behauptung »Der Fötus ist menschliches Leben.« in 86 Prozent der untersuchten Aussagen zugestimmt wurde. In 13 Prozent wurde die Behauptung abgelehnt. (Vgl. ebd., S. 136).

en einher (vgl. Duden, 2007, S. 10)[13]. Durch die Bilder wird der Eindruck erweckt, der Fötus sei ein von der Schwangeren unabhängiges Wesen, »ein hilfs-bedürftiges Würmchen« (vgl. ebd., S. 62).

Die Zahlen von Marx Feree et al. (2002) beruhen auf Material von 1976 – 1994. Wie aktuell die Zustimmung zur erwähnten Aussage ausfällt, ist nicht belegt.

Wahrnehmbar und zunehmend Gegenstand von wissenschaftlicher Auseinandersetzung sind Aktivitäten von erklärten Abtreibungsgegner_innen, die sich auf dieselben Argumente berufen, wie es schon die Kirchenväter im 5. Jahrhundert getan haben. Diese Akteur_innen und ihre Organisationen bezeichnen sich selbst als *Lebensschützer*, in dem Sinne, dass sie den Schutz ›ungeborenen Lebens‹ zentral setzen. In kritischen Auseinandersetzungen werden sie als radikale Abtreibungsgegner_innen oder christliche Fundamentalist_innen bezeichnet. (Vgl. Hohnsbein, 2012, S. 31 f.)

Im Gegensatz zum Untersuchungsgegenstand des Buches, der Sprachlosigkeit unter Befürworter_innen von Selbstbestimmung und Abtreibung, scheint für Abtreibungsgegner_innen das Gegenteil zu gelten: in verschiedenen deutschen[14] Großstädten sind sie präsent durch sogenannte *Gehsteigberatungen*[15] vor Beratungsstellen, Kliniken und Praxen, in denen Abtreibungen durchgeführt werden. Dabei geht es ihnen v.a. darum, Frauen auf dem Weg in die jeweilige Einrichtung mit tendenziösen und falschen Informationen über Abtreibung in ihrer Entscheidung zu beeinflussen oder umzustimmen. Vor allem aber sind die Gegener_innen einer selbstbestimmten Entscheidung präsent im Rahmen der sogenannte *Märsche für das Leben*[16]. Dabei

---

13 Duden (2002) stützt ihre Erörterungen v.a. auf ihre Beschäftigung mit dem Körpererleben von Frauen* im 18 Jahrhundert, wozu sie die Aufzeichnungen eines Eisenacher Arztes ausgewertet hat (vgl. ebd., S. 7).
14 In anderen Ländern treten sie noch wesentlich häufiger, kontinuierlicher und zahlreicher auf.
15 Vgl. dazu u.a. die Urteile Baden-Württembergischer Verwaltungsgerichte (vgl. Verwaltungsgericht Freiburg, 2011).
16 Bis 2010 fanden diese Demonstrationen unter dem Namen *1000 Kreuze für das Leben* statt (vgl. Achtelik, 2012, S. 83).

handelt es sich um Demonstrationen, in denen die Abtreibungs-gegner_innen in steigender Zahl für ein Verbot von Abtreibung und gegen pränatale Diagnostik demonstrieren. Die größte Demonstration findet jährlich im September in Berlin statt. Auch in anderen Städten, darunter München und Münster, auch Salzburg oder Zürich, finden ihre Demonstrationen statt[17]. (Vgl. Fiala, 2012, S. 55 ff.)

An der Behauptung des Lebensrechts für Föten entzündet sich die ethische Auseinandersetzung zwischen den Positionen, die Abtreibung ablehnen, und jenen, die ein Recht auf Abtreibung befürworten. Der auf der unterschiedlichen ethischen Bewertung des Status des Föten basierende Konflikt bildet den bis heute ungelösten Kern der Abtreibungsdebatte. (Vgl. Boltanski 2007, S. 14 f.)

Gerhards (1998) fasst hier beide Positionen prägnant zusam-men:

> »Wenn man einen Fötus als menschliches Lebewesen definiert, dann wird Abtreibung als ein nicht legitimierbarer Tötungsakt verstanden. Wenn man umgekehrt davon ausgeht, daß der Fötus ein integraler Teil der Schwangeren ist und damit ihrem Selbstbe-stimmungsrecht unterliegt, dann erscheint es als unstatthaft, ihr das Recht auf eigene Entscheidung über das Schicksal des Fötus zu nehmen.« (Ebd., S.24)

Der medizinische Fortschritt auf dem Gebiet der Pränataldi-agnostik wirft allerdings noch einmal andere Fragen auf, die dann vor allem Abtreibungen in einem späteren Stadium der Schwangerschaft betreffen und sowohl von prinzipiellen Ab-treibungsgegner_innen als auch von einigen Feminist_innen kritisch hinterfragt bzw. abgelehnt werden (vgl. Trumann, 2007, S. 179 ff.). Durch pränatal-diagnostische Verfahren ist es möglich, angeborene ›Auffälligkeiten‹ bzw. nicht als typisch betrachtete Merkmalsausprägungen festzustellen (beispielsweise Trisomie 21). Die Kritik an diesen Verfahren richtet sich darauf, dass Frauen sich nach einem solchen Befund vor die Frage gestellt

17 Eine ausführliche Darstellung der Aktivitäten der Abtreibungs-gegner*innen findet sich bei Jentsch/ Sanders , 2012, S. 38 - 45, aber auch auf dem Blog *No Fundis - No 218* (No Fundis-No 218, 2013)

sehen, ob sie die Schwangerschaft trotz des Befunds austragen wollen oder abbrechen. Kritiker_innen verweisen darauf, dass Frauen sich immer häufiger für einen Abbruch entscheiden, aus Angst, ein Leben mit einem ›behinderten‹ Kind nicht meistern zu können. Aus Sicht der Kritiker_innen werden ›behinderte‹ Menschen in zunehmendem Maße stigmatisiert und neue technische Methoden orientierten darauf, besondere und pathologisierte Merkmalsausprägungen zu vermeiden. (vgl. Trumann, 2007, S. 183). Positionen von Familienplanungsorganisationen wie beispielsweise pro familia, die auch in diesem Kontext die Notwendigkeit von Beratung betonen, um Frauen eine selbstbestimmte, informierte Entscheidung zu ermöglichen (vgl. pro familia, 2000, S. 4 f.), werden ebenfalls stark kritisiert (vgl. Trumann, 2007, S. 183). Der Selbstbestimmungsbegriff, der zwar grundsätzlich feministischen Forderungen entspreche, werde so zur Individualisierung von Verantwortung für eine ökonomisch erfolgreiche Gesellschaft verkehrt (vgl. ebd., S. 182)[18].

Die im vorangegangenen Kapitel aufgezeigten Aspekte, die christlich geprägte Definition vom Beginn menschlichen Lebens, die Konsequenzen neuer medizinisch-technischer Entwicklungen auf die Wahrnehmung von Schwangerschaft und die Früherkennung möglicher ›Auffälligkeiten‹ und als untypisch bewerteter Merkmalsausprägungen sind in ihren Auswirkungen auf die Abtreibungsdebatte zu berücksichtigen.

Abtreibung als Gegenstand von Bevölkerungspolitik

Staaten haben ein Interesse daran, Qualität und Quantität ihrer Bevölkerung zu kontrollieren – und je größer der weltpolitische Einfluss eines Staates, desto größer das Interesse, nicht nur die eigene, sondern auch die Bevölkerung anderer Staaten zu kontrollieren (vgl. Hahn, 2012, S. 7). »Für moderne Gesellschaften

---

18 Auf eine weitere Diskussion dieser Thematik wird verzichtet, da sie die Dimensionen der vorliegenden Arbeit übersteigt. Für weitere Einzelheiten vgl. Trumann, Andrea, 2002 und 2007.

ist die Regulierung der Bevölkerung ein Aspekt ihrer Existenz, ihrer Stabilität und ihrer Zukunft.« (Ebd.)

Boltanski (2007) spricht im Hinblick auf den bevölkerungspolitischem Einfluss auf Abtreibung von der »sozial nützlichen Übereinkunft mit dem Industriestaat« (Boltanski, 2007, S. 147). Die staatlichen Interessen können, je nach Zeitgeist und Entwicklungszielen, auf Quantität oder Qualität der Bevölkerung abzielen[19].

Er verdeutlicht, dass es einem Staat nie darum geht, mit diesen Sanktionen die Abtreibung zu tilgen,

> »sondern darum, daß [...], das Gebiet der Zeugung, das heißt der Bereich der Herstellung menschlicher Wesen, unter seine Autorität zu bringen [...]« (Boltanski, 2007, S. 164).

Jerouschek (2002) stellt, historisch betrachtend, fest, dass Abtreibung nie allein den Frauen überlassen war. Schon in der griechischen Antike habe die Abtreibung nicht nur der individuellen Geburtenkontrolle gedient, sondern auch dem gesellschaftlichen Interesse der Bevölkerungsoptimierung (vgl. ebd., S. 24). Ebenso traten auch im römischen Reich, wo zunächst die Sanktionierung von Abtreibung innerhalb der Familie blieb, Gesetze in Kraft, die Frauen dafür bestraften, dass sie gesellschaftlichen Interessen zuwider handelten, wenn sie dem Staat Nachkommen vorenthielten (vgl. ebd., S.33).

Vom Zusammenhang zwischen bevölkerungspolitischen Interessen und staatlicher Kontrolle von Familienplanung zeugt auch das für die modernen Evolutionstheorien wichtige, von Thomas Robert Malthus 1798 verfasste *Essay on the Principle of Population*. Darin formuliert Malthus ein Bevölkerungsgesetz, demzufolge Bevölkerung schneller wachse als die Nahrungsmittel, die sie zum Überleben benötigt. Als eine Lösung sah er die »Eindämmung der Fruchtbarkeit«. (Malthus, Thomas R. zit. in: Hummel, 2000, S. 41)

Der nach ihm benannte *Malthusianismus* sollte lange bestimmend für den bevölkerungspolitischen Diskurs sein (vgl. ebd.). Nach von Behrens (2004) Ausführungen standen diese bevölke-

---

19 Vgl. dazu auch Hahn, 2000, insbesondere S. 12 - 25.

rungspolitischen Erwägungen 1871 bei der Aufnahme des § 218 in das Reichsstrafgesetzbuch im Vordergrund (vgl. ebd., S.16).

Zu Beginn des 20. Jahrhunderts wurden Abtreibung und Verhütung als Maßnahmen zur politischen Geburtenregelung erkannt und eine regelrechte Geburtenpolitik entwickelt (vgl. von Behren, 2004, S. 520). Deren Strategie war es,

> »Sexualität medizinisch beherrschbar und Gebärfähigkeit und Mutterschaft für bevölkerungspolitische Ziele [...] verfügbar zu machen.« (Ebd.).

Die Sterilisation von Frauen, die als geistig minderwertig galten, war dabei bevorzugt im Blick, da ihnen zugeschrieben wurde, sie seien sexuell aktiver als andere und würden überdurchschnittlich viele (als ebenso *minderwertig* definierte) Kinder zur Welt bringen (vgl. Hahn, 2000, S. 47). Durch Verschärfung der sozialen Situation nach dem ersten Weltkrieg nahm die breite Akzeptanz sogenannter *Maßnahmen zur Verbesserung der Volksgesundheit* in der deutschen Bevölkerung zu (vgl. ebd., S. 15).

> »Ziel der biopolitischen Regulierung war einerseits die Etablierung der Gebärpflicht als gesellschaftliche Norm [...], andererseits der Ausschluss bestimmter Bevölkerungsteile von der biologischen Reproduktion.« (Ebd.)

Gestützt auf wissenschaftliche Begründungen etablierte sich damit bereits vor 1933 eine medizinische Praxis, die darauf abzielte, unerwünschten Nachwuchs zu verhindern. Diese Entwicklungen gipfelten im 1934 von den Nationalsozialisten erlassenen »Gesetz zur Verhütung erbkranken Nachwuchses«. Dessen Einführung eröffnete die Möglichkeit der zwangsweisen Unfruchtbarmachung von Frauen und Männern mit bestimmten Merkmalen, die als unerwünscht und vererbbar definiert wurden und deren Weitergabe an Nachwuchs aus Gründen der *Rassenhygiene* unterbunden werden sollte. (Vgl. Hahn, 2000, S. 20 f.)

Nach 1945 wurde das Gesetz keineswegs umgehend und für alle westlichen Besatzungszonen geltend abgeschafft. Es gab unterschiedliche Regelungen in den einzelnen Bundesländern, die die Ausübung des Gesetzes erschwerten oder vorläufig außer Kraft setzten. Das Gesetz und seine Ziele beruhten eben nicht ausschließlich auf nationalsozialistischem Gedankengut, sondern auf dem damaligen Stand der Wissenschaft. (Vgl. Hahn, 2000, S. 52 f.)

Es bestand demzufolge weiterhin ein Interesse »am individuellen Fall [...] die Notwendigkeit einer eugenisch indizierten, von verschiedenen Seiten befürworteten, gesellschaftlich legitimierten und letztendlich auch zwangsweise anzuordnenden Sterilisation« nachzuweisen und zu legalisieren. (Ebd., S. 53)

Auch in anderen Staaten, europäisch und außereuropäisch, existierten zum damaligen Zeitpunkt Sterilisationsgesetze (vgl. ebd.).

Seit den 1960er und 1970er Jahren verblieben bevölkerungspolitische Bestrebungen nicht mehr nur innerhalb nationalstaatlicher Grenzen, sondern bezogen sich, ausgehend von den führenden Industrienationen, auf die Weltbevölkerung (vgl. Duden, 2002, S. 223 und Hummel, 2000, S. 41).

Fruchtbarkeitskontrolle und Familienplanung als Instrumente zur Eindämmung von Bevölkerungswachstum bildeten sich in zentralen entwicklungspolitischen Maßnahmen ab (vgl. Hummel, 2000, S. 62). Worauf diese Maßnahmen tatsächlich abzielten – die Verbesserung der Lebenssituation der Menschen in den sogenannten Entwicklungsländern oder die Kontrolle der dort lebenden Bevölkerung zur Sicherung des Wohlstandes der westlichen Welt – ist höchst strittig (vgl. ebd., S.69 und 97 ff.). Familienplanungsorganisationen wie die 1952 gegründete *International Planned Parenthood Federation* (IPPF) bewegten sich mit ihrem Engagement für sexuelle und reproduktive Gesundheit und Rechte (SRGR) – im Abschlussdokument der Weltbevölkerungskonferenz in Kairo, 1994, als Menschenrecht festgehalten – innerhalb dieses konflikthaften Spannungsfeldes. Einerseits zielten (und zielen) ihre Aktivitäten auf die Selbstbestimmung und Entscheidungsfreiheit von Frauen (und Paaren) ab, andererseits berufen sie sich auf dieselben Dokumente beziehungsweise haben sie mit ihrem Engagement erst zu deren Entstehung beigetragen, die hegemoniale Nationalstaaten zur Durchsetzung ihrer (wirtschaftspolitischen) Eigeninteressen nutzen (vgl. Hummel, 2000, S. 104 f.).

»Die feministische Kritik hat gezeigt, wie die fortschrittliche Diktion von Familienplanung als Möglichkeit und Mittel zur individuellen Gestaltung der Lebensverhältnisse zu einem Euphemismus für Bevölkerungskontrolle werden kann.« (Ebd.)

Andererseits trug das Engagement von Nichtregierungsorganisationen, wie sie beispielsweise unter dem Dach der *IPPF* vereint sind, maßgeblich dazu bei, dass sexuelle und reproduktive Gesundheit und Rechte überhaupt als grundlegende Menschenrechte von der Staatengemeinschaft anerkannt und damit der Paradigmenwechsel innerhalb globaler bevölkerungspolitischer Denkstrukturen erst möglich wurden. (Vgl. Ellerstorfer, 2010, S. 39 und Busch, 2010, S. 9 ff.)

Der Prozess der Integration von sexueller/n und reproduktiver/n Gesundheit und Rechten (SRGR) in internationale Menschenrechtsdokumente vollzog sich über viele Jahrzehnte hinweg. Wichtige Meilensteine dieser Entwicklung sind unter anderem die Internationalen Menschenrechtskonferenzen in Teheran (1968) und Wien (1993) sowie die Weltbevölkerungskonferenzen in Bukarest und Kairo (1974 und 1994). Kairo stellt in dieser Aufzählung einen besonders markanten Punkt dar. Im dort entstandenen Aktionsprogramm wurde verankert, dass sämtliche bevölkerungspolitischen Maßnahmen an den Menschenrechten orientiert sein sollen. Zugang für alle Menschen zu Maßnahmen der Familienplanung wurde nicht mehr nur still akzeptiert, sondern mit Nachdruck gefordert. Auf der *Weltfrauenkonferenz* in Peking (1995) wurden ebenfalls sexuelle und reproduktive Rechte diskutiert und schließlich in das Aktionsprogramm aufgenommen. Besonders deutlich miteinander in Zusammenhang stehen bevölkerungspolitische Ziele und entwicklungspolitische Maßnahmen in den Millennium-Entwicklungszielen (2000). Alle diese Erklärungen, Protokolle, Aktionsprogramme haben also die Notwendigkeit von sexueller/n und reproduktiver/n Gesundheit und Rechten sowie die besondere Rolle von Frauen in der Reduzierung von Armut und der Verbesserung von Lebensstandards erkannt und integriert. Jedoch wurde Abtreibung als ein wesentlicher Bestandteil von sexueller/n und reproduktiver/n Gesundheit und Rechten meist nicht vordergründig diskutiert. Zwar wurde in Kairo Abtreibung als notwendige Praxis anerkannt, daraus folgte aber nicht die Verpflichtung zur Legalisierung für die unterzeichnenden Staaten. (Vgl. Busch, 2010, S. 14 ff.; Diehl, 2010, S. 68 f.; Riemann-Hanewinckel, 2010, S. 27 ff.)

Die am weitesten reichenden Konsequenzen dafür tragen Frauen in strukturell schwächeren Ländern – in ökonomischem und politischem Sinne, vor allem in Asien, Lateinamerika und Afrika südlich der Sahara (vgl. WHO, 2008, S; 16). Der Bevölkerungsfond der Vereinten Nationen, UNFPA, (2012) geht in seinem Weltbevölkerungsbericht 2012 – der sexuelle und reproduktive Gesundheit und Rechte zum Schwerpunkt hat – davon aus, dass etwa die Hälfte aller Abtreibungen weltweit unsachgemäß vorgenommen wird (vgl. Deutsche Stiftung Weltbevölkerung, S. 15).

> »Quer durch sämtliche Altersgruppen finden nahezu alle (98 Prozent) unsicheren Abtreibungen in Entwicklungsländern statt, wobei der Hauptanteil auf Afrika südlich der Sahara entfällt. Nach Schätzungen der Weltgesundheitsorganisation kommt es jährlich zu 21,6 Millionen unsicheren Abtreibungen.« (Ebd.)

In Deutschland spiegelt sich dieser widersprüchliche Umgang in der Gesetzgebung wider: ein Paragraph im Strafgesetzbuch, der Abtreibung verbietet (vgl. § 218 StGB), ein Folgeparagraph, der bei Einhaltung bestimmter Vorgaben bzw. Erfüllung bestimmter Voraussetzungen eine Strafe ausschließt (vgl. § 218a StGB). Inbegriffen in diese Bedingungen ist die verpflichtende Beratung für Frauen, die abtreiben möchten (vgl. § 219 StGB und §§ 5 ff. SchKG). Die Inhalte dieser Beratung wiederum sind vorgegeben: Sie hat ebenso ergebnisoffen zu sein (vgl. § 5 SchKG) wie sie sich vom Schutz des ungeborenen Lebens leiten zu lassen hat (vgl. § 219 StGB). Über die Beratungen und auch die durchgeführten Abtreibungen ist eine Statistik zu führen, die vom Bundesamt für Statistik jährlich für Gesamtdeutschland veröffentlicht wird (vgl. § 10 und §§ 15 ff. SchKG). Ebenso hat der Gesetzgeber ein Werbeverbot erlassen, was es Ärzt_innen untersagt, öffentlich bekannt zu machen, dass sie Abtreibungen durchführen (vgl. § 219a StGB).

Frauen, die eine ungewollte Schwangerschaft abbrechen, müssen sich gezwungenermaßen in diesen Widersprüchen zurechtfinden. Sie haben zwar hierzulande oft den Zugang zu sicheren Abtreibungen, sie sind jedoch auch dazu verpflichtet, bestimmte Regularien einzuhalten, Nachweise zu erbringen – im Falle einer Kostenerstattung (vgl. §§ 19 ff SchKG) – und, je nach Kompetenz und Haltung des_der Berater_in, sich intimen Fragen auszusetzen[20].

---

20 zum Verhältnis von Berater_in, Ratsuchender und staatlichem Einfluss auf die Beratung siehe Franz, Jutta, 2012, S. 23 f.

3 Feministischer Kampf für das Recht auf Abtreibung – »Frauen gegen den § 218«[21]

Innerhalb verschiedener Phasen der Abtreibungsdebatte ging es immer um mehr als um leere juristische Feststellungen. Doch weil »Recht immer auch Ausdruck politischen Willens« (Busch, 2012, S. 6) ist und sich die Geschichte der Debatte entlang der (straf-)rechtlichen Regelung erzählen lässt, zeichnet die folgende Darstellung auch jene markanten Momente nach, die im Zusammenhang mit Forderungen nach Reform und Streichung des § 218 StGB durch die verschiedenen Phasen der Frauenbewegung[22] in Deutschland stehen.

Unter Bismarck trat 1871 der § 218 RStGB (Reichstrafgesetzbuch) in Kraft. Ein Verstoß gegen das Verbot der vorsätzlichen *Fruchtabtreibung* wurde mit Zuchthaus bis zu fünf Jahren bestraft (vgl. von Behren, S. 36).

Fast zeitgleich mit dem Inkrafttreten des Paragraphen formierten sich Proteste von Frauen. Zu Beginn des 20. Jahrhunderts forderten vor allem die proletarischen Frauen der ersten Frauenbewegung[23] die Abschaffung des § 218 RStGB. Die Ar-

---

21 *Frauen gegen den § 218* war der Name einer bundesweiten Initiative zur Abschaffung des § 218 um die Zeit der Wiedervereinigung (vgl. Frauen gegen den § 218, 1989). Die Darstellung skizziert die *weiße*, mehrheitsdeutsche Frauenbewegung in Deutschland.

22 Frauenbewegung kann verstanden werden als »eine [...] kollektive Form sozialen Handelns, die darauf ausgerichtet ist, sozialen Wandel herbeizuführen, und darauf zielt, Formen der Bevormundung und der Benachteiligung von Frauen aufzuheben« (Gerhard zit. in: Schulz, 2012, S. 319).

23 Die Frauenbewegung in Deutschland wird häufig in drei Phasen oder Wellen eingeteilt: die erste Welle gab es zu Beginn des 20. Jahrhunderts. Diese erste Phase war getragen von zwei Gruppen: den proletarischen/sozialistischen Frauen und den bürgerlichen Frauen. Neben der Abschaffung des § 218 StGB waren weitere Themen: Wahlrecht, Arbeit, Studium; zwischen den beiden Strömungen gab es massive Diskrepanzen und Verwerfungen. Die Bewegung nach 1970 wird

beiterfrauen, die unter großer Not und Armut litten, waren die am stärksten von den negativen Folgen der Abtreibungsrestriktionen Betroffenen. Bürgerliche, wohlhabendere Frauen hatten öfter die Möglichkeit, Mediziner_innen zu finden, die für eine entsprechende Bezahlung den Abbruch vornahmen. Ohne diese finanziellen Mittel und die notwendigen Kontakte waren Frauen auf unsichere und gesundheits- bzw. lebensgefährliche Praktiken zur Abtreibung angewiesen. (Vgl. von Behren, S. 111 ff.)

Innerhalb der bürgerlichen Frauenbewegung nahm der 1905 von Helene Stöcker gegründete *Bund für Mutterschutz und Sexualreform* (BMS) eine Sonderstellung ein. Der *BMS* forderte unter anderem die Streichung des § 218 RStGB, verbunden mit der grundsätzlichen Forderung nach mehr Selbstbestimmung für Frauen über ihren Körper und ihre Sexualität. (Vgl. Holland-Cunz, 2003, S. 49 ff.)

Durch den Ersten Weltkrieg wuchs einerseits die große Not der ärmeren Bevölkerung. Gleichzeitig hatte sich die Rolle von Frauen maßgeblich gewandelt. Frauen mussten arbeiten, um Geld zu verdienen und ihre Familien zu ernähren. Häufig waren sie die Haupt- oder sogar Alleinverdienerinnen. Mit den neuen Aufgaben wuchs das Selbstbewusstsein der (arbeitenden) Frauen und ihre Forderungen nach Gleichberechtigung wurden lauter. Auch die Positionen von Helene Stöcker fielen in dieser neuen Zeit auf fruchtbaren Boden. Die Forderung nach Abschaffung des § 218 RStGB wurde in der öffentlichen Massenbewegung mit unterstützt. (Vgl. von Behren, 2004, S. 234 ff.)

Auch parteipolitisch wurde das Thema aufgegriffen und sowohl von SPD als auch KPD in die parlamentarische Debatte eingebracht. Die Anträge zur Streichung des Paragraphen (KPD) scheiterten. Übrig blieb 1926 eine Reform, die zumindest das Strafmaß von Zuchthaus auf Gefängnis reduzierte. Ein Gerichtsurteil stellte 1927 fest, dass eine Abtreibung im Falle einer schweren Gesundheitsgefährdung der Schwangeren nicht strafwürdig sei. Damit wurde gewissermaßen die medizinische Indikation

---

als die zweite Welle betrachtet. (Vgl. Gerhard, 2009, S.50) Zur dritten Welle siehe S. 31/ Fußnote 37.

eingeführt. Gesetzlich verankert wurde dieses Urteil jedoch nicht. (Vgl. Notz, 2012b, S. 26)

Nationalsozialismus und Zweiter Weltkrieg erstickten jedwede emanzipatorischen Bewegungen, was (selbstverständlich) auch für die feministische Bewegung galt. »Einige Frauenvereine wurden (zwangs-)aufgelöst, andere integrierten sich bereitwillig bzw. zögerlich in die neu entstandenen NS-Frauenorganisationen«[24] (Wolff, 2012, S. 266).

Zwischen 1933 und 1945 galten im wahrsten Sinne des Wortes andere Gesetze. Während einerseits sogenanntes *lebensunwertes Leben* zwangsweise verhindert wurde, durch Zwangssterilisation oder Zwangsabtreibung, wurden mehrheitsdeutsche Frauen stärker in eine ›weibliche Rolle‹ und zur Reproduktion orientiert und teils gezwungen. Es drohten Strafen, wenn sie nicht zum Erhalt und zur Weiterentwicklung des *deutschen Volkskörpers* beitrugen. (Vgl. Herzog, 2011, S. 70)

Nach 1945 sorgten Akteurinnen der Frauenbewegung schnell für eine Re-Organisation, einschließlich der Neu- oder Wiederbelebung von Strukturen, und Anknüpfungen an Traditionen der Frauenbewegung vor dem Krieg. Allerdings erfolgte diese Rückbesinnung in zweierlei Hinsicht eingeschränkt: Beteiligt an diesem *Wiederaufbau* waren die westlichen Besatzungszonen[25] und angeknüpft wurde an die bürgerliche Frauenbewegung. Damit fanden auch die Themen der proletarischen bzw. sozialistischen Frauenbewegung keinen Eingang in die Aktivitäten der Frauenverbände dieser Jahre. (Vgl. Wolff, S. 267 ff.)[26]

---

24 Zur (Mit-)Täterschaft von Frauen vgl. Thürmer-Rohr, Christina (2010): Mittäterschaft von Frauen: Komplizenschaft mit der Unterdrückung in: Becker & Kortendiek, 2010
25 So fand 1948 zur Erinnerung an die 1848er Revolution und den Beitrag der Frauen dort der *Interzonale Frauenkongress* statt, zu dem Frauenverbände aus den westlichen Besatzungszonen, Berlin und internationale Gäste eingeladen waren (vgl. Wolff, 2012, S. 268).
26 Der von ost- und westdeutschen Frauen gegründete Demokratische Frauenbund wurde mit dem Verbot der KPD in der Bundesrepublik ebenfalls als kommunistisch eingestuft und verboten (vgl. Gerhard, 1995, S. 385).

Abtreibung und die Streichung des § 218 StGB war eines der wichtigsten Themen der sozialistischen Frauen – es fiel dieser Re-Organisation zum Opfer. Die Teilung Deutschlands in vier Besatzungszonen beziehungsweise in einen westlichen, bürgerlich-demokratischen und einen östlichen, sozialistischen Teil und die damit einhergehenden politischen Bemühungen um gegenseitige Abgrenzung trugen zu dieser Entwicklung bei. Die Entstehung der Studierendenproteste in den 1960er Jahren, internationale Einflüsse und die lange frauenbewegte Tradition in Deutschland lieferten den Rahmen, in dem sich eine neue, die bürgerliche Ausrichtung der bestehenden Frauenbewegung überschreitende, feministische Bewegung entwickeln konnte. (Vgl. ebd., S. 269 ff.)

Trotz der langen frauenbewegten Tradition kann nicht davon die Rede sein, dass die neue feministische Bewegung daran anknüpfte[27]:

> »Die neue Bewegung war bemüht um Abgrenzung von trügerischen Gleichberechtigungsparolen und von den Resten bürgerlicher Frauenpolitik [...]«. (Gerhard, 1995, S. 387)

Aus einer radikalen Herrschaftskritik heraus ging es den Frauen vor allem um Selbstbestimmung in allen Bereichen des Lebens.[28]. Das »tonangebende Leitmotiv« (Lenz, 2010, S. 69) der *zweiten* Frauenbewegung war »der Kampf für die Abschaffung des § 218, der zum ›Zeichen‹ des politischen Engagements der Frauen wurde.« (Ebd.)

Zentral für die Abtreibungsdebatte im feministischen Kontext war zunächst die Situation, in der sich Frauen befanden, wenn sie zu dieser Zeit eine Schwangerschaft abbrechen wollten: heimlich, unter lebensbedrohlichen Umständen selbst durchgeführt oder verbunden mit horrenden Kosten, die von Mediziner_innen verlangt wurden – was nicht selten ebenfalls lebensbedrohliche

---

27 Laut Gerhard (1995) fand eine Anknüpfung höchstens an die proletarisch-sozialistische Frauenbewegung statt. (vgl. ebd., S. 387).
28 Auf eine detaillierte Darstellung der Entstehungsbedingungen der neuen bzw. zweiten Frauenbewegung wird an dieser Stelle verzichtet. Einen umfassenden Einblick bietet Lenz, 2010.

Folgen hatte – oder der berüchtigte *Bus nach Holland*. (Vgl. Lenz, 2010, S.70) »Das Verbot der Abtreibung wurde zum Zeichen der Fremdbestimmung über die Gebärfähigkeit der Frau.« (Ebd.)

Empörung, Wut und Unwillen der Frauen, diese Bedingungen weiter hinzunehmen, fanden mit der 1971 von Alice Schwarzer initiierten, von 374 Frauen direkt und vielen Zehntausend Frauen indirekt getragenen Selbstbezichtigungskampagne Eingang in die breite Öffentlichkeit[29] (vgl. EMMA, 2007, S. 116). Damit verbunden war die Forderung nach ersatzloser Streichung des § 218 StGB, nach Sexualaufklärung und Zugang zu Verhütungsmitteln (vgl. Lenz, 2010, S. 71).

Die Bewegung gegen den § 218 StGB wurde (erneut) zur Massenbewegung, getragen von breiten frauenbewegten Bündnissen, unterstützt von Gewerkschaften und anderen demokratischen Organisationen (vgl. ebd.). Zwischen 1974 und 1976 kam es zu politischen und juristischen Auseinandersetzungen zwischen SPD und CDU/CSU. Diese führten zunächst zur Veränderung des § 218, der für kurze Zeit Straffreiheit für Abtreibungen innerhalb der 12-Wochen-Frist (nach Empfängnis) vorsah. CDU/CSU klagten jedoch gegen diese Neuregelung vor dem Bundesverfassungsgericht (BVerfG), und dieses gab der Klage statt und erklärte das Gesetz für verfassungswidrig. Die Folge war das 1976 verabschiedete Indikationsmodell, das vor allem hinsichtlich der *sozialen Indikation* eine Demütigung und Bloßstellung für die Frauen bedeutete. Ungewollt Schwangere mussten eine schwere Notlage vor- und nachweisen. Ein_e Ärzt_in beschied dann darüber, ob diese Notlage eine Abtreibung rechtfertigte. (Vgl. Notz, 2012b, S.29)

Die zentrale Forderung der Frauenbewegung nach Streichung des Paragraphen blieb also unerfüllt. Dieser ernüchternde Ausgang der kraftvollen, intensiven Aktivitäten trug innerhalb der Frauenbewegung einen »Rückzug nach innen« bei (vgl. Schenk, 1980 zit. in: Thon, 2008, S. 23).

---

29 Die beteiligten Frauen* bekennen im Magazin *Stern*: »Wir haben abgetrieben!«. Darunter sind auch prominente Frauen*. Der *Stern* setzt diese Initiative auf den Titel der Ausgabe.

Diese Entwicklung bedeutete aber nicht das Ende der Frauenbewegung. Die setzte sich fort, jedoch in anderen Formen: in Selbsterfahrungsgruppen, in Vereinen, Organisationen, Diskussionsgruppen. Die Ausdifferenzierung der neuen Frauenbewegung, die in den ersten Jahren vor allem ein Thema – die Streichung des § 218 StGB – hatte, nahm in den nächsten Jahren ihren Lauf. (Vgl. Thon, 2008, S. 23 ff.)

Damit einher ging zwangsläufig auch eine Ausdifferenzierung der Themen und Herangehensweisen. Gleichzeitig begann die Professionalisierung und Institutionalisierung der Frauenbewegung (vgl. Lenz, 2010, S. 355 ff. oder Kagerbauer, 2008, S. 27 ff.).

Die Literatur zur Geschichte des Engagements gegen den § 218 StGB und für ein Recht auf Abtreibung konzentriert sich vorwiegend auf die Frauenbewegung in der alten Bundesrepublik, sowohl in beschreibenden als auch in analysierenden Arbeiten[30].

Auch in der DDR unterlag die Abtreibungsgesetzgebung Veränderungen, die sich allerdings anders vollzogen als in der BRD: In der DDR existierten außer dem *Demokratischen Frauenbund Deutschlands* (DFD) keine weiteren Frauenorganisationen oder -verbände. Der DFD selbst stand nicht in Opposition zur DDR-Regierung, da diese bereits für sich reklamierte, Gleichberechtigung der Geschlechter in Programm und Realität umgesetzt zu haben. Erst Ende der 1980er Jahre bildeten sich oppositionelle Frauenorganisationen heraus (vgl. Lenz, 2010, S. 23). Zuvor waren es eher einzelne Frauen – vor allem aus Kunst und Kultur – gewesen, die bewusst Frauenrechtsthemen in ihre Arbeiten eingeflochten und damit öffentlich gemacht hatten (vgl. ebd.).

1950 wurde das *Gesetz über den Mutter- und Kindschutz und die Rechte der Frau* verabschiedet, worin auch der Schwan-

---

30 Beispiele sind die Untersuchung von Thon (2008) oder der Band »Zeitgeschichte als Geschlechtergeschichte. Neue Perspektiven auf die Bundesrepublik« (vgl. Paulus, Silies, & Wolff, 2012). Perspektiven und Erfahrungen nicht weißer, nicht deutscher Frauen und deren Ausschluss und Marginalisierung bleiben in diesen Darstellungen unterrepräsentiert.

gerschaftsabbruch geregelt wurde (vgl. Aresin, 1996, S. 87). Das Gesetz sah eine medizinische und eine erbmedizinische Indikation vor, hielt an der grundsätzlichen Strafbarkeit der Abtreibung aber fest (vgl. von Behren, 2004, S. 447 f.) und goss die pronatalistische Bevölkerungspolitik der DDR damit in Gesetzesform. Sinkende Abbruchzahlen und die Bemühungen der DDR-Regierung, mit den sich ändernden Diskursen in anderen Ländern Schritt zu halten, führten 1965 zur Einführung einer sozialen Indikation, über die von einer Kommission befunden wurde – befördert von dem Engagement von Mediziner_innen und vielen Frauen, die sich mit »individuellen Bitten« an die Regierung wandten. (Vgl. Hahn, 2000, S. 217 ff.)

Die individuellen Beschwerden von Frauen im Zusammenhang mit der Abtreibungsregelung nahmen aber auch in den Folgejahren nicht ab. Im Gegenteil: die Verfahrensweise der Kommission wurde stark kritisiert. Zudem mussten die Regierenden feststellen, dass die mit dem Gesetz von 1950 verbundenen Ziele – Rückgang illegaler Abbrüche und vor allem Beförderung des Bevölkerungswachstums – nicht erreicht wurden (vgl. Hahn, 2000, S. 265 ff.).

Diese Entwicklungen führten 1972 zur Abschaffung der prinzipiellen Strafbarkeit von Abtreibung in der DDR. Mit der Verabschiedung des *Gesetzes zur Unterbrechung der Schwangerschaft* konnten Frauen in der DDR von da an einen Schwangerschaftsabbruch bis zur 12. Woche vornehmen lassen – ohne jede weitere Bedingung (vgl. von Behren, 2004, S.447 f.).

Mit der Wiedervereinigung und dem Einigungsvertrag wurde auch die gesetzliche Regelung der Abtreibung erneut zum Diskussionsgegenstand. Für die Frauenbewegung bedeutete diese historische Zäsur erneute massenhafte Mobilisierung gegen den § 218 StGB (Westfrauen) beziehungsweise für die Beibehaltung der Fristenlösung (Ostfrauen)[31].

---

31 Für eine ausführliche Darstellung der Geschehnisse zur Zeit der Wiedervereinigung: Ockel, Edith, 2000: Die unendliche Geschichte des §218. Erinnerungen und Erlebnisse; Thietz, Kirsten (Hrsg.), 1992: Ende der Selbstverständlchkeit? Die Abschaffung des §218 in der DDR.

Lenz (2010) beschreibt, wie sich gemeinsamer Widerstand von Frauen aus den neuen und alten Bundesländern formierte: Frauen aus dem Westen sahen eine historische Chance und demonstrierten beispielsweise in Bonn (der damaligen Hauptstadt) für die Abschaffung des § 218 StGB. Im Osten sammelte der *Unabhängige Frauenverband* (UVF), mitbegründet von Tatjana Böhm, die später für die DDR-Frauen am Zentralen Runden Tisch saß und Ministerin in der Übergangsregierung von Modrow war, 50.000 Unterschriften von DDR-Bürger_innen für die Beibehaltung der Fristenregelung. (Vgl. ebd., S. 871 ff.)

Im Einigungsvertrag blieb zunächst die DDR-Regelung bis 1992 bestehen, gekoppelt an den Auftrag für den Gesetzgeber, eine »einheitliche verfassungskonforme Regelung« (Lenz, 2010, S. 871) zu finden. Im Jahr 1992 wurde dann von einem fraktionsübergreifenden Bündnis die 12-Wochen-Fristenregelung mit Beratungspflicht verabschiedet, die bereits 1993 vom Bundesverfassungsgericht – Geschichte wiederholt sich – auf Antrag der bayrischen CDU/CSU-Fraktion teilweise für verfassungswidrig erklärt wurde. (Vgl. Lenz, 2010, S. 871)

Während dieser Zeit waren Frauen aus beiden deutschen Teilen höchst aktiv, wenn auch nicht immer einig. Am 8. März 1994 fand dann der *FrauenStreikTag* statt, vorgeschlagen vom *Unabhängigen Frauenverband*. Eine regelrechte Massenmobilisierung setzte ein, der sich unterschiedlichste Frauenorganisationen aus allen feministischen Richtungen anschlossen, sodass an dem Streiktag »Tausende von Frauen überall in Deutschland teilnahmen« (ebd., S. 873). Die gemeinsamen Aktionen waren dennoch stets begleitet von zum Teil heftigen Auseinandersetzungen, u.a. zwischen Ost- und Westfrauen (vgl. Thon, 2008, S. 30). Nach langer parlamentarischer Debatte, Taktieren und Paktieren, wurde 1995 der reformierte § 218 StGB verabschiedet, der bis heute in seiner Form gültig ist. Wieder blieben die politisch bewegten Frauen auf ihren unerfüllten Utopien sitzen: »Die Frauenbewegungen nahmen teils das Gesetz als ›lebbaren, aber faulen Kompromiss‹« (EMMA 1995 zit. in: Lenz, 2010, S. 873).

Spätestens an dieser Stelle enden die Darstellungen der *Geschichte des § 218* (vgl. von Behren, 2004) und der Abtreibungsdebatte. Was danach kam, beschreibt Busch (2012) in einem Artikel mit dem Begriff des Arrangements: Diese Arrangements, die sie in verschiedenen Teilen der Gesellschaft konstatiert, stellt sie auch für Frauen fest. Die Mehrheit der Frauen heute würde sich in einer vermeintlichen Fristenlösung wähnen und keinen Grund mehr zum Protest sehen. In ihrer Realität ist der Zugang zur Abtreibung möglich und die Hintergründe der gesetzlichen Regelung sind kaum bekannt. Frauen, die keinen Zugang zum medizinischen System, Beratungsstrukturen oder den Strukturen zur Kostenübernahme für den Abbruch haben, bleiben ebenfalls auf der Strecke. (Vgl. ebd., S. 4)

Eine tiefergehende Analyse über die Weiterentwicklung oder auch das Verschwinden der Abtreibungsdebatte aus dem öffentlichen, aber auch aus dem feministischen Diskurs, fehlt bisher (vgl. Hahn, 2012, S. 7 ff.).

Eine Vermutung, die bisher nicht untersucht wurde, legt einen Zusammenhang zwischen der Attraktivität von Queer Theory und dem Verschwinden der Abtreibungsdebatte nahe. Wie gezeigt wurde, ging die feministische Bewegung gegen das Abtreibungsverbot mit der Forderung nach Anerkennung von Frauen und weiblicher Autonomie einher. Mit einer Theorie, die die Auflösung der heterosexuellen Geschlechterdichotomie erklärt, geraten zwangsläufig Themen, die sich so nah am Körper bewegen und auch nur jene Körper betreffen, die gebärfähig sind, in die Kritik dieser Theorie, gehen darin unter oder werden, mangels Erklärungsmöglichkeiten, schlicht nicht beachtet. Diesem Aspekt wird im zweiten Teil, den Interviewauswertungen, nachgegangen.

Dass das Thema Abtreibung auch heute jedoch zumindest randständig eine Rolle spielt, gerade bei der Herausbildung eines neuen Feminismus oder einer sogenannten *Dritten Welle*[32],

---

32 Das Wellenmodell wird zum Teil von Feminist_innen stark kritisiert (vgl. Bretz, Lantzsch 2014), von anderen zur Selbstdefinition genutzt. Es wird hier bewusst verwendet, da die Autor_innen sich selbst dieses Begriffs bedienen. Eine Definition bieten Eismann und Köver in Anlehnung an Baumgardner und Richards: »Unter dem Namen Dritte Welle oder Third Wave wird eine Reihe zum Teil sehr unterschied-

zeigen vereinzelte Bücher und Artikel in queer-orientierten Zeitschriften.[33]

Die Autor_innen der Bücher halten unmissverständlich fest, dass Abtreibung (nach wie vor) ein Thema im Feminismus ist und sein muss. Die Zwangsbedingungen, unter denen Frauen gegenwärtig abtreiben können, und die nach wie vor existierende Strafbarkeit sind nach ihrer Ansicht Frauen und ihrer Selbstbestimmung unwürdig. Welche Konsequenzen sich daraus für eine feministische Praxis ergeben – darüber schweigen die Autor_innen.

Um Einschätzungen zur Veränderung der Abtreibungsdebatte im Feminismus zu erhalten, das wird mit dieser Darstellung deutlich, bietet sich die Einbeziehung von Frauen mehrerer Generationen an, die sich in engerem oder weiterem Sinne dem Feminismus bzw. dem Engagement für ein Recht auf Abtreibung zugewandt haben.

---

licher Spielarten von feministischem Aktivismus und Denken gefasst, die sich im angloamerikanischen Sprachraum ab Anfang der 1990er Jahre als Reaktion auf den Zweite Welle Feminismus der 1960er und 1970er Jahre formiert hatten. Der Begriff selbst geht auf Rebecca Walker zurück, Tochter der afroamerikanischen Feministin Alice Walker. [...] Frauen ihrer Generation [...] waren bereits mit den Errungenschaften der Frauenbewegungen aufgewachsen. Gleichberechtigung und die Vorstellung, dass sie als Frauen alle Rechte und Möglichkeiten haben würden, waren für sie völlig selbstverständlich (vgl. Baumgardner/Richards 2000, S.83).« (Eismann, Köver, Lohaus, 2012, S. 40)

33 Bücher: *Wir Alphamädchen* (vgl. Haaf, Klingner, Streidl, 2008) und *Darum Feminismus* (Affront, 2011); Zeitschriften: outside the box. Zeitschrift für feministische Gesellschaftskritik (2011) zum Thema *Gebären*, an.schläge. *Das feministische Magazin* (2014) zu Abtreibung und Reproduktion

4 pro choice divided? Feministinnen über die Abtreibungsdebatte

Um einen Eindruck davon zu bekommen, weshalb, wann und auf welche Weise Abtreibung als Thema feministischen Bemühens in den Hintergrund gerückt ist, habe ich Interviews mit acht Frauen geführt. Alle sind und/oder waren engagiert für feministische Belange – in Verbänden und selbstorganisiert, im privaten und im öffentlichen Raum, durch wissenschaftliche und literarische Arbeiten oder direkte Aktionen. Sie sind unterschiedlichen Alters. Sie sind ost- und westsozialisiert. Die Perspektive Schwarzer Frauen/Women of Color wird leider nicht abgebildet. In der Konzipierung und Durchführung hatte ich selbst diese Perspektive nicht beachtet. Erst im Nachhinein wurde mir durch Gespräche diese Lücke bewusst.

Die Befunde aus den Interviews werden im Folgenden dargestellt.

Bestandsaufnahme

Die Befragten wurden zunächst um ihre Einschätzung hinsichtlich der gegenwärtigen Situation der Abtreibungsdebatte, des gegenwärtigen emanzipatorischen/feministischen Engagements sowie der Aktivitäten von konservativen Kräften und Abtreibungsgegner_innen gebeten.

Im Folgenden werden Aussagen, die gewissermaßen den Ist-Zustand der Abtreibungsdebatte beschreiben, dargestellt.

Sprachlosigkeit

Keine der Interviewten zweifelt an, dass beim Thema Abtreibung eine allgemeine Sprachlosigkeit existiert, die sich auf allen gesellschaftlichen Ebenen niederschlägt. Sie sprechen von Tabuisierung und Unsichtbarkeit von Abtreibung.

Allerdings gibt es nicht die eine Sprachlosigkeit. Vielmehr vollzieht sich diese Sprachlosigkeit auf unterschiedlichen Ebenen.

Die älteren Interviewten gründen diese Einschätzung vor allem auf einem historischen Vergleich der heutigen Situation mit den 1970er bzw. 1990er Jahren. Dabei nehmen die westsozialisierten Frauen vor allem auf die Frauenbewegung in den 1970er Jahren Bezug. Die ostsozialisierten Frauen vergleichen eher den gesellschaftlichen Umgang mit Abtreibung in der DDR mit der Situation nach der Wiedervereinigung. In diesen Phasen sei Abtreibung ein Thema gewesen, über das gesprochen wurde – vor allem unter Frauen, vor allem in politischen Zusammenhängen. Mehrheitlich berichteten die älteren Befragten aus einer eigenen Betroffenheit heraus ihre Erfahrungen und Erlebnisse.

Das Sprechen über *eigene* Abtreibungserfahrungen war allerdings auch in frauenpolitisch bewegteren Zeiten nicht die Regel. Die öffentliche Debatte führte also nicht zwangsläufig zu einer persönlichen Offenheit.

Dieser Widerspruch besteht offenbar heute in gleicher Weise. Eine Aktivistin berichtet von der Arbeit in einer links-feministischen Aktionsgruppe, die es sich zur Aufgabe gemacht hatte, die Proteste gegen die *1000-Kreuze-Märsche/Märsche für das Leben*[34] zu unterstützen. In dieser Gruppe gab es die Anregung einzelner, sich – der feministischen Maxime »Das Private ist politisch« folgend – über eigene Abtreibungserfahrungen auszutauschen. Dieser Vorschlag traf dort zunächst auf vehemente Ablehnung und nur langsam, in eher inoffiziellem Rahmen, fand dann ein Austausch statt.

Diese Aussagen beziehen sich also zunächst auf eine Sprachlosigkeit, die die eigenen Erfahrungen mit Abtreibung betrifft. Ein Phänomen, das sich auch unter (frauen-)politisch aktiven Frauen findet. Dieses Verschweigen eigener Erfahrungen wird von den Interviewten heute vor allem bei jungen Frauen festgestellt[35]. Im Unterschied zu früheren Jahren der Debatte reicht

---

34 Als 2008 in Berlin die ersten Proteste gegen die Abtreibungsgegner_innen initiiert wurden, war dies noch der Name der Demonstration der Abtreibungsgegner_innen (vgl. Notz, 2012a, S. 50).
35 Inwieweit dies mit der heutigen Generation junger Frauen zu tun hat oder junge Frauen generell, auch in früheren Generationen nicht über ihre Erfahrungen gesprochen haben, wäre in einer gezielten Be-

die Sprachlosigkeit heute noch weiter in den sozialen Nahraum hinein. Viele Interviewte bestätigen aus ihrer Beratungserfahrung oder aus Gesprächen, dass gerade junge Frauen häufig nicht einmal mit engsten Freund_innen über ihre Abtreibung sprechen. Auch die Befassung mit akademischen Fächern, die dem Grunde nach eine große Nähe zum Thema Abtreibung aufweisen, bringt die Studierenden nicht zwingend in Kontakt mit Abtreibung. Soziale Arbeit, Gender Studies, Medizin – wenn nicht Einzelne auf das Thema stoßen und es ins Studium einbringen, findet es dort weitestgehend nicht statt.

Als politisches Thema wird Abtreibung ebenfalls nicht (mehr) wahrgenommen. Sowohl im Programm parlamentarischer Parteien als auch in unterschiedlich ausgerichteten politischen Gruppierungen, die grundsätzlich eher emanzipatorischen Themen zugewandt sind[36], spielt Abtreibung allenfalls eine randständige Rolle. Besonders bedenklich erscheint die Einschätzung, dass selbst dort, wo gegen christlichen Fundamentalismus mobilisiert und protestiert wird, keine Auseinandersetzung über Abtreibung und die gesetzlichen und gesellschaftlichen Rahmenbedingungen stattfindet. Hier verbleibe Aktivismus auf einer grundsätzlichen Ebene von Protest gegen Freiheitseinschränkungen, ohne dass weitergehende Implikationen und notwendige Interventionen eine Rolle spielten.

Dieser Widerspruch zwischen Aktivitäten im Zusammenhang mit Abtreibung bei gleichzeitigem Vermeiden der Auseinandersetzung und der Problematisierung findet sich auch bei den Schwangerschaftskonfliktberatungsstellen, deren Trägern und deren Mitarbeiter_innen.

Aus den Ausführungen zum Aspekt der Sprachlosigkeit lässt sich – neben der sehr deutlichen Feststellung, dass ein Sprechen über Abtreibung persönlich, politisch und gesamtgesellschaftlich vermieden wird – jedoch auch erkennen, dass a) ein Bedürf-

---

fragung zu den eigenen Abtreibungserfahrungen und dem Sprechen darüber bei Frauen* unterschiedlicher Generationen zu untersuchen.
36 Diese Formulierung bezieht sich auf emanzipatorische Vereine und Verbände, auf die linke/linksautonome Szene sowie auf die feministische Szene.

nis nach Auseinandersetzung und Austausch über Abtreibung existiert und es b) Räume gibt, in denen ein Sprechen über Abtreibung möglich ist. Diese scheinen jedoch sehr begrenzt und durchaus voraussetzungsvoll.

Vor allem die jüngeren Interviewten berichten davon, dass es dann möglich ist, über eigene Abtreibungserfahrungen in privaten Kontexten zu sprechen, wenn es keinen Zweifel über die Einstellung zur Abtreibung bei den Gesprächspartner_innen gibt und gleichzeitig ein ausgeprägtes Vertrauensverhältnis zwischen Gesprächspartner_innen existiert.

Die Frage, ob gegenwärtig eine Sprachlosigkeit zur Thematik der Abtreibung existiert, kann zweifelsohne bejaht werden. Die Sprachlosigkeit ist gesamtgesellschaftlich und in der Medienöffentlichkeit wahrnehmbar. Sie existiert sowohl in der parlamentarischen Politik als auch in außerparlamentarischen emanzipatorischen und feministischen Zusammenhängen. Sie betrifft demzufolge sowohl die (gesellschafts-)politische Auseinandersetzung über Abtreibung als auch das Sprechen über persönliche Erfahrungen mit Abtreibung.

Engagement für das Recht auf Abtreibung

Darauf, wie sich das Engagement für ein Recht auf Abtreibung heute darstellt, wie es sich entwickelt und verändert hat, haben alle Interviewten einerseits ihre Binnenperspektive als Aktive innerhalb bestimmter Zusammenschlüsse. Andererseits sind und waren sie auch Beobachterinnen von Kampagnen, Aktionen und von Engagement für Abtreibungsrecht insgesamt. Dabei ist ihre Einschätzung geprägt von persönlichen Erfahrungen und möglicherweise nicht frei von persönlichen Annäherungen zu oder Distanzierungen von anderen Gruppen oder Personen[37]. Dieser Aspekt schwingt in allen Themenbereichen mit, ist an dieser Stelle aber besonders relevant.

Ein weiterer Einschub muss vor der Ergebnisdarstellung gemacht werden, um die genutzten Begrifflichkeiten zu definieren.

---

37 Außerdem ist die Verortung der Interviewten zu beachten. Es ist davon auszugehen, dass sich ihre Einschätzungen hauptsächlich auf Aktivitäten in ihrem urbanen Umfeld beziehen.

Es geht im Folgenden darum, ein Bild des gegenwärtigen Engagements für ein Recht auf Abtreibung zu zeichnen. Im Fokus steht feministisches Bestreben. Allerdings sind nicht alle Aktiven für ein Recht auf Abtreibung unter dem Stichwort *Feminismus* zu subsumieren. Deshalb wird dort, wo ein weiterer Personenkreis bezeichnet wird, von emanzipatorischem Engagement gesprochen.

Vor allem junge Frauen sind es, die sich für das Recht auf Abtreibung einsetzen. Das betonen hauptsächlich die Interviewten der älteren Generation. Sie nehmen junge Menschen als die treibenden Kräfte wahr, vor allem im Protest gegen die *Märsche für das Leben*. Die Aktivitäten der Jüngeren werden aber vor allem in großstädtischen Kontexten vielfach von Älteren mitgetragen und unterstützt.

Über den Straßenprotest hinaus werden Gruppen jüngerer Frauen identifiziert, die im feministischen Kontext auftreten: das *Missy-Magazine*, der Blog *Mädchenmannschaft*, die Zeitschrift *Gazelle*, Frauen aus der autonomen Szene. Vereine und Verbände, insbesondere *pro familia*, sind ebenfalls häufig Thema, wenn es um gegenwärtiges Engagement geht.

Auffällig ist, dass die Zahl der Engagierten überschaubar zu sein scheint. Engagement für ein Recht auf Abtreibung ist eben keine breite soziale Bewegung, sondern wird von Einzelnen getragen. Diese betätigen sich zwar durchaus auch in Gruppen und Netzwerken, aber auch die sind eher klein. So sind es in allen Interviews einzelne Personen, die immer wieder benannt werden. Die damit zusammenhängenden Probleme gehen über eine zahlenmäßige Unterlegenheit bei Demonstrationen hinaus. Es besteht vielmehr die Gefahr, dass einerseits das Engagement an die wenigen Aktiven delegiert wird und andererseits diese Wenigen Gefahr laufen, Überforderung, Frustration und schließlich Erschöpfung zu erleben.

Die Beweggründe, sich selbst zu engagieren, können zu drei Gruppen zusammengefasst werden:

(1) Repressive Aktivitäten: Die Auseinandersetzung mit Abtreibungsgegner_innen und deren Aktivitäten ist ein Hauptgrund, sich für ein Recht auf Abtreibung zu engagieren.

(2) Persönliche Erfahrungen: Eine andere wichtige Motivation ist der persönliche Bezug. Bei den älteren Interviewten war das zum Teil die selbst erlebte oder durch Freundinnen sehr nah miterlebte Erfahrung, ungewollt schwanger zu sein, zu Zeiten, als Abtreibung in (West-)Deutschland noch verboten war.

(3) Unrechtsempfinden: Die jüngeren Befragten entwickeln den persönlichen Bezug zum Thema weniger aus der direkten Erfahrung heraus, sondern eher aus einem selbst empfundenen Unrechtsbewusstsein. Einen konkreten Auslöser scheint es oft nicht zu geben.

Auch wenn das Engagement unter der Überschrift *für* ein Recht auf Abtreibung zusammengefasst ist, finden sich in den Aussagen Differenzierungen hinsichtlich der Zielrichtung des Engagements: für die ersatzlose Streichung des § 218 StGB, für Frauenrechte, für sexuelle und reproduktive Gesundheit und Rechte, für besseren Zugang zu Abtreibung und Wahlmöglichkeiten hinsichtlich der Methode, gegen selektive Abtreibungen oder auch als grundsätzlichen Protest gegen staatlichen Eingriff.

Die benannten Formen gegenwärtigen Engagements sind vielfältig, werden aber jeweils nur von wenigen getragen: der bereits beschriebene Straßenprotest gegen Abtreibungsgegner_innen, Diskussionsrunden, das Verfassen von Positionspapieren und Formulieren politischer Forderungen, die inhaltliche Auseinandersetzung mit feministischen Klassikern, Vernetzungsaktivitäten, Information und Beratung für Frauen, Erstellen von Zeitschriftenartikeln, Büchern und Filmen bis hin zu direkter Unterstützung zur Schaffung eines Zugangs für Abtreibung für Frauen, die sonst keinen oder nur eingeschränkten Zugang hätten. Sichtbar werden gegenwärtige Aktivitäten auch im Internet. Die Anzahl von Internetseiten und Blogs, die sich dezidiert mit dem Recht auf Abtreibung befassen, ist allerdings überschaubar. Als gelegentliches Randthema findet Abtreibung hin und wieder Eingang in die Diskussionen und Kommentare feministischer Blogs[38].

---

38 Ausschließlich mit Abtreibung befassen sich u.a.: http://no218no-fundis.wordpress.com/, Diskussion auf anderen Blogs vgl. u.a.: http://maedchenmannschaft.net/?s=abtreibung

Die Defizite des Engagements für ein Recht auf Abtreibung werden im Folgenden noch ausführlicher dargestellt, insofern sie sich auf die Konflikte und Widersprüche innerhalb der engagierten Gruppen beziehen. Sie werden an dieser Stelle dennoch kurz skizziert. Mangelnde Vernetzung und Organisation untereinander werden von mehreren Interviewten als erfolgsmindernd dargestellt. Ebenso defizitär ist die öffentliche Präsenz von Positionen für das Recht auf Abtreibung. Die Diversifizierung innerhalb der engagierten Gruppen wird ebenfalls angeführt bzw. ist deutlich aus den Aussagen herauszulesen. Auffällig ist, dass in den Aussagen kein eindeutiges, konkretes, positives Ziel zu finden ist, für das sich die Aktivist_innen einsetzen. Aus der Feststellung, dass es nur wenige Engagierte gibt und dass das Streiten nur geringen Erfolg hat, ergibt sich, dass das Engagement häufig als frustrierend und kräftezehrend erlebt wird[39].

Individuelle Ebene: Gründe der ungewollt Schwangeren

Selbstverständlichkeit der Praktik

Abtreibung als Möglichkeit, eine ungewollte Schwangerschaft zu beenden, ist eine allgemein bekannte Praktik. Und obwohl das Werben und damit jede öffentliche Bekanntmachung darüber, dass eine gynäkologische Praxis/Klinik Abtreibungen durchführt, verboten ist, gibt es doch ein weit verbreitetes Wissen darüber, wie eine Abtreibung zu bekommen ist. Im Falle der ungewollten Schwangerschaft finden die Betreffenden die notwendigen Informationen. (Schwierig gestaltet sich der Zugang zu Informationen für nicht-deutschsprachige Frauen und für Illegalisierte.)

Für die Befragten bildet diese Selbstverständlichkeit eine wichtige Ursache für den Umstand, das Frauen heute kaum über Abtreibungen sprechen. Durch Zugang und Verfügbarkeit für eine Mehrheit der Frauen findet eine Problematisierung – gerade

---

39 Zur weiteren Auseinandersetzung mit den Hintergründen von Abtreibungsgegner_innen sei auf »Deutschland treibt sich ab« verwiesen (Sanders, Jentsch & Hansen, 2014)

durch ungewollt Schwangere – nicht statt. Eine gefühlte Komfortzone verlange nicht nach Auflehnung. Das Bewusstsein über historische Hintergründe der heutigen Situation oder Situation in anderen Ländern ist kaum vorhanden.

Die Selbstverständlichkeit wird ebenfalls in Zusammenhang gesetzt mit einem *Sich-eingerichtet-Haben*. Die Selbstverständlichkeit, mit der Frauen heute abtreiben, basiert nach Wahrnehmung der Interviewten nicht vordergründig auf einer selbstbewussten Haltung und Positionierung, sondern eher auf einem Verhalten, das sich in gegebene Umstände einfügt.

Zusammenfassend lässt sich feststellen, dass es sich offenbar nicht um eine selbstbewusste Selbstverständlichkeit handelt. Vielmehr scheinen Frauen heute wenig Hintergrundwissen zur Abtreibungsregelung zu haben. Sie haben sich in bestehende Verhältnisse eingefügt.

Die Interviewaussagen können durch das Konzept des Verdeckungszusammenhangs erhellt werden. Maria Bitzan und Claudia Daigler (2001) bieten folgende Definition für den Begriff an: »Das Erscheinungsbild von Normalität und scheinbaren Selbstverständlichkeiten bildet den Verdeckungszusammenhang. Erwartungen aneinander und an das gesellschaftliche Funktionieren sind getragen von unausgesprochenen Übereinkünften, welche Verhaltensweisen, welche Themen, welche Lebensentwürfe ›erlaubt‹ sind und was nicht thematisiert gehört. Die ›Kanalisierung‹ der Wahrnehmung macht eigene Impulse suspekt und entschärft sozial- und gesellschaftspolitische geschlechtsbezogene Zuweisungen in ihrer Skandaldimemsion.« (Vgl. ebd.). Laut Bitzan/Daigler (2001) werden Mädchen mit Leitbildern sozialisiert, die ihnen vermitteln, dass sie alles schaffen können, wenn sie nur wollen, dass es keinerlei Hürden geben wird, die sie als Mädchen nicht mit genügend Anstrengung und Coolness überwinden und dabei gleichzeitig ihre *feminine* Rolle erfüllen können. Ebenso wird jungen Frauen vermittelt, dass Abtreibung über klar definierte Schritte machbar ist, ohne dass Informationen oder Räume zugänglich sind, um darüber zu sprechen. Mädchen sind im Falle von Unsicherheiten auf sich zurückgeworfen und jedes Scheitern wird individualisiert. Ebenso könnte es sein, dass Frauen jede Unsicherheit im Umgang mit der eigenen Abtreibung, jedes Unbehagen, beispielsweise beim Gang zur Pflichtberatung, individualisieren, strukturelle Bedingungen nicht wahrnehmen (können) und demzufolge darüber auch nicht sprechen. (Vgl. Bitzan/Daigler 2001, S. 26)

Diese Überlegungen werden durch Boltanski (2007) gestützt, wenn er in der Beschreibung der Schwangerschaft als elterliches Projekt ausführt, dass sich Frauen durch die Liberalisierung der Abtreibung nicht mehr direkt durch gesellschaftliche Instanzen (Gott, Familienoberhaupt, Staat) beeinflusst sehen. Vielmehr komme ihnen allein die Autorität zu, die Entscheidung zu treffen. Damit verbunden ist, was bereits in vaterrechtlich geregelten Gesellschaften der Fall war: Frauen tragen die alleinige Verantwortung für jegliche Konsequenzen ihrer Entscheidung. Boltanski unterstreicht sogar, dass insbesondere die Liberalisierung dazu geführt hat, dass Rat und Hilfe durch Frauen aus dem Umfeld [scheinbar, Anm. d. Verf.] nicht mehr notwendig sind und er führt weiter aus:

»Was die Manifestationen der Enthüllung betrifft, die in den siebziger Jahren die militante Phase begleiteten [...], so sind sie mit der institutionellen Übernahme dieser Praktik verschwunden. Die Frauen, die abtreiben, waren wohl noch nie so allein wie heute.« (Boltanski, 2007, S. 228)

Auch wenn die Selbstverständlichkeit aufgrund der Interviewaussagen hier mit dem Fokus auf Frauen thematisiert wurde, muss noch eine Ergänzung hinsichtlich der Auswirkungen dieser Selbstverständlichkeit für emanzipatorische/feministische Bewegungen gemacht werden:

Durch die, wenn auch widersprüchliche, Liberalisierung der Abtreibung, die bei Frauen ganz offensichtlich Akzeptanz fand (und findet), verlor die Frauenbewegung eines ihrer zentraler Themen[40]. Der Umgang junger Frauen mit der Abtreibungsthematik reiht sich ein in etwas, das generell den Zusammenhang von jungen Frauen und Frauenbewegung betrifft: Der von der *zweiten* Frauenbewegung angestoßene Wandel in Bezug auf den

---

40 Zu Zielverschiebungen innerhalb sozialer Bewegungen vgl. Schmincke (2012) und Schulz (2012) beide in: Paulus, Silies, Wolff (2012).

Schwangerschaftsabbruch hat, wenn auch nicht in der gewünschten Form, stattgefunden. In seinen Ergebnissen ist er »bereits Teil des Erfahrungshintergrundes nachfolgender Generationen« (vgl. Thon, 2008, S. 56). »Auf diese Weise wirkt er auf die Bewegung zurück, die nach Nachwuchs sucht und ihn vielleicht gerade wegen des stattgefundenen Wandels nicht zu finden scheint.« (Ebd.)

Schuldgefühle

Die Schuldgefühle, die Frauen empfinden, wenn sie ungewollt schwanger sind und einen Abbruch durchführen lassen, waren in den Aussagen der Interviewten ebenfalls eine häufige Begründung dafür, dass Frauen nicht über ihre Erfahrungen sprechen.

Das Gefühl, Schuld zu haben, beginnt dabei nicht erst mit der Abtreibung, sondern bereits mit der ungewollten Schwangerschaft selbst. Denn die Verfügbarkeit von Verhütungsmitteln und damit deren Anwendung wird gesellschaftlich derart vorausgesetzt, dass eine ungewollte Schwangerschaft leichtfertig als Folge unverantwortlichen Verhütungsverhaltens bewertet wird.

Ungewollte Schwangere in der Schwangerschaftskonfliktberatung würden viel weniger selbstbewusst in den Beratung auftreten, als es Frauen noch Mitte der 1990er Jahre getan hätten. Die Pflichtberatung nach §219 StGB wird von einigen Interviewten als eine Ursache, mindestens als Verstärker, für die Schuldgefühle identifiziert. Schließlich würde dadurch bei ungewollt Schwangeren der Eindruck erweckt, sich für ihre Entscheidung rechtfertigen zu müssen. (Je nach politischer Haltung der Beratungsstellenträger und/oder des_der Berater_in wird dies dann noch unterstützt oder gegebenenfalls auch entkräftet.)

In Verbindung damit kann auch die Hypothese einer Interviewten gesehen werden, dass diese Schuldgefühle politisch gewollt seien. Denn durch Schuldgefühle zum Schweigen gebracht, findet Abtreibung als Thema nicht statt. Politik ist somit nicht gezwungen, sich mit der Lebensrealität vieler Frauen auseinanderzusetzen.

Die Schuldgefühle von Frauen sind vor allem für die Arbeit von Schwangerschaftskonfliktberatungsstellen ein häufiges Thema und wurden und werden dort diskutiert (vgl. Schweiger, 2012,

S. 17 – 18). Unter den gegebenen Umständen – Verfügbarkeit sicherer Verhütungsmethoden *und* Fortschritt auf dem Gebiet der pränatalen Diagnostik, die dem Fötus gewissermaßen ein »Gesicht« gibt (vgl. Kuhlmann, 1996, S. 10) – wird die Befruchtung einer Eizelle zum ersten Schritt in einem sorgfältig geplanten und intensiv beobachteten Projekt. Etwas Zufälliges, wie eine ungeplante Schwangerschaft, *muss* also Folge von Sorglosigkeit und Unachtsamkeit der Frauen sein.

Politische Ebene: Gründe innerhalb der feministischen Bewegung

Einschlüsse und Ausschlüsse

Vor allem die jüngeren Interviewten weisen darauf hin, dass es offenbar bestimmte Ansprüche innerhalb der feministischen Bewegung an die an ihr Beteiligten gibt. Auf der anderen Seite werden bereits im Vorfeld Vermutungen darüber angestellt, welche Ansprüche erfüllt werden müssen, um *dazuzugehören*. Beschrieben wird auch, inwiefern diese Absolutheitsansprüche innerhalb bereits engagierter Zusammenschlüsse Konflikte und Frustrationen entstehen lassen.

Der Anspruch, der absolut gesetzt wird, bezieht sich darauf, alles richtig machen zu müssen und auf keinen Fall auf der falschen Seite zu stehen. Ambivalenzen und Zwischentöne werden als nicht akzeptiert erlebt. Gefordert würden eindeutige Positionierungen. Einige Interviewte wissen von Rückzug und Vermeidung als Umgangsstrategie damit.

Diesen Druck, möglichst widerspruchsfrei zu sein, beschreibt eine Interviewte am Beispiel eigener Abtreibungserfahrung. Es gibt eine Unsicherheit, über eigene Erfahrungen zu sprechen, weil unterstellt werden könnte, dass Engagement diene nur der Verarbeitung dieser Erfahrungen. Keine persönliche Abtreibungserfahrung zu haben, könnte hingegen zur Unterstellung führen, diejenige verfüge nicht über ausreichend Wissen, um sich angemessen engagieren zu können.

Die älteren Interviewten machen keine diesbezüglichen Aussagen. Möglicherweise nehmen sie diesen Anspruch nicht so stark wahr. Vielleicht sind sie aufgrund ihres Alters und ihrer Erfahrungen darüber erhaben, bestimmte Ansprüche zu erfüllen, um *dazuzugehören*. Wahrscheinlich sind sie in ihrer Positionierung klar und auch *erprobt,* wenn es um die Verteidigung dieser Positionen geht.

Der, zumindest vermutete Anspruch, alles richtig zu machen und bestimmte Anforderungen zu erfüllen, sowohl innerhalb der feministischen Bewegung als auch innerhalb der Gesellschaft, hindert Menschen daran, sich positiv für ein Recht auf Abtreibung auszusprechen oder gar einzusetzen. Mangelndes Wissen und falsche Vermutungen unterstützen diese ablehnende Haltung. Widersprüche, die beim Thema Abtreibung und einer so diversifizierten Bewegung wie Feminismus, unvermeidbar sind, werden nicht akzeptiert oder stellen eine zu große Herausforderung dar. Vor allem im Gegensatz zu den Vertreter_innen einer ablehnenden Haltung gegenüber der Abtreibung besteht hier ein großes Defizit. Da sich Befürworter_innen eines Abtreibungsverbots auf christliche Werte und vermeintlich gottgegebene Ge- und Verbote stützen, stellt sich ihnen ihre Positionierung deutlicher und als nicht hinterfragbar dar[41]. Unabhängig von diesem Defizit gegenüber anderen Positionen scheint es auch ein Defizit in der Vermittlung von Inhalten, Zielen und Herangehensweisen von feministischen Gruppen nach außen zu geben. Eine Vermeidung von Konfrontationen bedeutet aber auch, dass Gruppen in sich verharren und weniger ein politisches Bündnis als ein soziales Netzwerk darstellen (vgl. Bock, 2010, S. 879). Entscheidend ist dies für die Zielsetzung: Laut Bock richtet sich das Interesse eines sozialen Netzwerkes auf individuelle Unterstützung, während ein politisches Bündnis gesellschaftspolitische Ziele verfolgt. (Vgl. ebd.)

---

41 Sam Harris (2013) plädiert dafür, dass Wissenschaft ebenso konkrete Antworten auf ethische Fragen findet, wie es Religion tut. Er kritisiert, dass nicht-religiöse Menschen aufgrund eines »moralischen Relativismus [...] Toleranz noch gegenüber der Intoleranz« (ebd.) zeigen und weist darauf hin, dass dadurch »der Moralismus beider Lager nicht dieselbe Kraft entfaltet« (ebd.).

Hier wird ein Widerspruch deutlich zwischen dem, was die Interviewten hinsichtlich der Transparenz und Beteiligungsmöglichkeiten feministischer Gruppen wahrnehmen, und dem, was sie als Motive für ein Engagement für ein Recht auf Abtreibung identifizierten. Diese beinhalteten zwar keine konkrete strategische Zielformulierung. In der Tendenz richten sich die genannten Motive aber deutlich auf gesellschaftspolitische Dimensionen und weniger auf individuelle Aspekte.

Dies deutet darauf hin, dass sich feministische Netzwerke in einer erneuten Übergangsphase befinden – weg vom sozialen Netzwerk hin zum politischen Bündnis – und sowohl Ziele als auch konkrete Herangehensweisen zwar innerhalb der Gruppen bereits bekannt sind, aber noch nicht nach außen getragen werden.

Queer Theory und queer-feministische Praxis

Ein Aspekt, der – v.a. aus Sicht der jüngeren Interviewten[42] – Einfluss darauf hat, inwiefern innerhalb der feministischen Bewegung Abtreibung thematisiert wird, steht in Zusammenhang mit Queer Theory[43]. (Alle Interviewten betonen ihren eigenen positiven Bezug zu queer-feministischen Debatten und Gruppen.)

Die Fokussierung von akademischen und linken Kontexte auf die Dekonstruktion von Körpern stellt einen Teil des Problems der Sprachlosigkeit dar. Das Verschwinden von Abtreibung als Thema liegt unter anderem auch darin begründet, dass durch die hohe Bedeutung dekonstruktivistischer Theorien bestimmte geschlechtsbezogene, frauenpolitische Fragen, wie Abtreibung eine ist, in der Auseinandersetzung keinen Platz mehr finden. Das erstreckt sich nach Sicht der Interviewten auf alle Themen, die eine starke Nähe zu Biologie haben. Zusätzlich hafte den originär feministischen Themen das verzerrte und belächelte Bild eines selbstbezogenen und wenig reflektierten Lila-Latzhosen-

---

42 Von den Interviewten der älteren Generation wird dieses Punkt nicht als Problem für die Abtreibungsdebatte thematisiert.
43 Zu den Begriffen vgl. Czolleck, Leah Carola/Perko, Gurdrun/Weinbach, Heike (2009): Lehrbuch Gender und Queer: Grundlagen, Methoden und Praxisfelder. Weinheim. Beltz Juventa.

Feminismus an, und Frauengruppen, die Selbstuntersuchungen mit Handspiegeln machen, geisterten durch die Vorstellungen . Unter anderem diese Themen seien es, die direkt den Alltag von Frauen betreffen würden. Deren Ausblendung verengt den Diskurs vielfach auf Theoretisches und verschiebt die Debatte um (queer-)feministischen Fragen ins Unproduktive.

Nach Ansicht der Interviewten hat Queer Theory bisher noch keinen relevanten Beitrag zum Abtreibungsdiskurs geleistet. Nur vereinzelt gibt es Personen, die sich des Themas annehmen. Insgesamt wird Abtreibung als eine Art Altlast der *zweiten* Frauenbewegung betrachtet. Dennoch würden sie dabei aber nicht so weit gehen, zu sagen, dass Queer Theory Frauen darin beeinflusst, über ihre Abtreibung zu sprechen. Zwei Äußerungen der Interviewten bieten aber auch Ansatzpunkte dafür, wie Queer Theory a) selbst einen Zugang zum Thema Abtreibung finden und b) einen Beitrag zur Weiterentwicklung der Debatte leisten kann: (a) Die Idee der Selbstermächtigung – auch über den eigenen Körper – und die Ablehnung von Fremdzuschreibungen bieten Anknüpfungspunkte für die Thematisierung von Selbstbestimmungsrechten auch im Hinblick auf Abtreibung. (b) Die Abwendung von eindimensionalen Geschlechterkategorien in der Abtreibungsdebatte kann zu der Erkenntnis verhelfen, dass Abtreibung nicht zwangsläufig ein Thema aller Frauen sein muss und es durchaus auch ein Thema für Männer (Trans*Männer) sein kann, und somit zu einer differenzierten Kommunikation über Abtreibung beitragen.

Dekonstruktivistische Theorien spielen offenbar eine Rolle in der Entwicklung der Abtreibungsdebatte und deren Verschwinden aus feministischen Zusammenhängen. Lenz (2010) bildet in ihrer Darstellung der Strömungen der Frauenbewegung auch Dekonstruktion als eine solche (neben Gleichheits- und Differenzfeminismus) ab. Über das Ausmaß des Einflusses sind sich die Interviewten uneinig und auch die Literatur liefert wenig Anhaltspunkte bzw. ist sich darüber noch nicht im Klaren. Die Konsequenzen von queerer Theorie seien, so zitiert Thon (2008) Ilse Lenz, »für die Praxis (der Frauenbewegung, Anm. d. Verf.) nicht zu ermessen« (vgl. Thon, 2008, S. 31). Und sie stellt weiter fest: »Es bleibt abzuwarten, ob, wie und in welchem Ausmaß eine Radikalisierung der Theorie eine erneute Radikalisierung der politischen Praxis mit sich bringen kann.« (Ebd.)

Selbstbestimmung vs. Selektive Abtreibung

Im Folgenden geht es um die Auseinandersetzung zwischen Vertreter_innen der Ansicht, dass in jedem Fall Frauen das Recht auf selbstbestimmte Entscheidung über das Austragen oder Abbrechen einer Schwangerschaft zukommt (eingeschlossen sind Fälle, in denen Frauen auf Grund eines Befundes nach Pränataldiagnostik (PND) eine Schwangerschaft abbrechen[44]) und Vertreter_innen einer Position, die bei Abtreibung im Zusammenhang mit pränataldiagnostischen Befunden die Gefahr von Selektion sehen. Letztere kritisieren in diesem Zusammenhang den Begriff der Selbstbestimmung stark. Der Begriff werde heute »häufig in einer individualistischen Engführung benutzt«, so die *Kritischen Feminist_innen* in einem Positionspapier (2012). »Die Frage nach der sozialen Bedingtheit« werde nicht gestellt und der so verwendete Begriff sei abgekoppelt von einer Kritik sozialer Verhältnisse, sei »unpolitisch, eurozentrisch, ahistorisch und bietet mannigfache Anschlusspunkte für neoliberale Diskurse« (vgl. ebd.).

Ausgangspunkt für diesen Konflikt bilden der medizinisch-technische Fortschritt im Bereich pränataler Diagnostik und die flächendeckende Anwendung dieser Möglichkeiten. Verschiedene nicht-invasive und invasive Untersuchungsmethoden, vor allem Bildgebungsverfahren (Ultraschall und 3D-Ultraschall) haben die Wahrnehmung der Schwangerschaft verändert. Der

---

44 Hierbei handelt es sich in der Regel um Spätabbrüche, die nach der 12. Schwangerschaftswoche auf Grundlage der medizinischen Indikation durchgeführt werden. Die Zahl dieser Fälle ist gering, laut offizieller Statistik handelte es sich 2013 um 3.703 Fälle bzw. 3,6% aller durchgeführten Schwangerschaftsabbrüche (102.802). Allerdings beinhalten diese 3,6% alle Abbrüche nach medizinischer Indikation, also auch die vor der 12. SSW durchgeführten. Der Anteil nach der 12. SSW durchgeführter Abbrüche betrug 2,2%. Nach der 22. SSW wurden lediglich 0,5% aller Schwangerschaftsabbrüche durchgeführt (vgl. Statistisches Bundesamt, 2013).

Einfluss, den diese Sichtbarkeit des Embryos auf die Abtreibungs-debatte hat, fasst eine Interviewte pragmatisch zusammen: Die Idee von Feminismus ist ihrem Verständnis nach, Ausschlüsse zu vermeiden und für gleiche Rechte zu streiten. Das bewusste Abbrechen einer Schwangerschaft nach einem pränataldiagnostischen Befund einer drohenden Behinderung steht dazu in eklatantem Widerspruch. Dieser Widerspruch entfaltet starkes Potenzial. Frauen, die noch in den 1970er Jahren vehement für ein Recht auf Abtreibung kämpften, zweifeln heute angesichts dieser Entwicklungen und Möglichkeiten an der Richtigkeit ihrer früheren Positionen.

Die gesellschaftliche Debatte um Abtreibung, wenn sie denn zum Thema wird, verlagert sich auf diesen Teilaspekt. Der Embryo als schützenswertes Gut rückt in den Vordergrund. Diese Tendenz findet auch immer mehr unter nicht-konservativen politisch Engagierten Anklang. Der Einsatz für Schwache schlägt sich dann im Einsatz für den Schutz des Embryos nieder. Die erwachsene Frau wird demgegenüber zur Täterin stilisiert.

Die Ausdehnung vorgeburtlicher Untersuchungen, sowohl qualitativ als auch quantitativ, wird von den Interviewten teilweise sehr direkt kritisiert. Dabei betonen sie, dass es ihnen nicht darum geht, das Selbstbestimmungsrecht von Frauen grundsätzlich infrage zu stellen. Allerdings sehen sie eine enge Verknüpfung zwischen dieser Technisierung der Schwangerschaft und einem Profitstreben der Medizin. Ebenfalls als Hintergründe gesehen, werden staatliche und gesellschaftliche Forderungen nach funktionierenden Bürger_innen, die sich bei den Schwangeren und ihren Partner_innen mit dem Wunsch nach dem *perfekten* Kind verbinden. Diese Verkettung führe in der Konsequenz dazu, dass jene Embryonen selektiv abgetrieben würden, bei denen durch Pränataldiagnostik, eine bestimmte Wahrscheinlichkeit für eine ›Behinderung‹ festgestellt wird. Der Konflikt zwischen den engagierten Frauen entsteht nun dadurch, dass die eine Seite den Frauen dennoch das Selbstbestimmungsrecht zuspricht – auch im Falle von Abtreibung nach Pränataldiagnostik –, während die andere Seite hinter diesen Entscheidungen die bereits beschriebene Beeinflussung durch gesellschaftlichen Normalitätsdruck vermutet. Letztere spricht in diesem Zusammenhang von selektiven Abtreibungen und eugenischen Beweggründen. Ein gemeinsames Auftreten von Vertreter_innen dieser beiden gegensätzlichen Positionen für ein Recht auf Abtreibung wird von Interviewten derzeit nicht als möglich erachtet. Gegenüber stehen sich in diesem Konflikt vor allem Verbände und Vereine auf der einen und radikal-feministische Gruppen auf der anderen Seite.

Mit diesen Auseinandersetzungen über die Definition des Selbstbestimmungsbegriffs und den Herausforderungen an eine entsprechende Positionsbestimmung hängt ein weiterer Konflikt zusammen: die Abgrenzung zu den Abtreibungsgegner_innen und konservativen Positionen, die Pränataldiagnostik mit ähnlichen Argumenten ablehnen. Es entstehen ungewollt ungünstige inhaltliche Überschneidungen. So wird von einer Interviewten auch geäußert, dass diese Abgrenzung unterschiedlich gut gelinge und argumentativ schwierig sei. Innerhalb der Gruppen ist die Abgrenzung von den Abtreibungsgegner_innen jedoch ebenso eindeutig wie es ausgeschlossen ist, in irgendeiner Form mit ihnen zusammenzuarbeiten.

Vor dem Hintergrund der Frage nach den Ursachen der Sprachlosigkeit zu Abtreibung auch innerhalb feministischer/emanzipatorischer Strömungen kann konstatiert werden, dass Sprachlosigkeit hier entsteht, weil sich Konfliktparteien gegenüberstehen, die ihre Positionen als vollkommen unvereinbar betrachten. Die Aussagen der Interviewten zeigen vor allem, wie widersprüchlich diese Auseinandersetzung ist und wie wenig diskutiert. Es ist auch zu fragen, inwiefern es sich hier tatsächlich um unvereinbare Positionen handelt oder ob es nicht auch möglich ist, beide Positionen zu vertreten: für weibliche Selbstbestimmung und gegen selektive Abtreibungen zu sein. In mehreren Aussagen wird auch deutlich, dass die Interviewten die Risiken von Pränataldiagnostik durchaus sehen, aber deshalb nicht davon abrücken, sich für die Selbstbestimmungsrechte von Frauen auszusprechen.

Schmincke (2012) weist darauf hin, dass »der Umschlag von Selbstbestimmung in einen Zwang zur Selbstoptimierung« (Ebd., S. 316), was einer der Kernpunkte derjenigen ist, die pränataldiagnostische Möglichkeiten kritisieren, etwas mit »gesellschaftlichen Kräfteverhältnissen« (Ebd.) zu tun hat »und [...] von daher tatsächlich nicht der Frauenbewegung angerechnet werden [kann].« (Ebd.)

Kritiker_innen des Selbstbestimmungsbegriffs, die sich innerhalb der feministischen/emanzipatorischen Strömung verorten, wäre damit entgegen gehalten, dass sie ihre Kritik falsch adressieren.

Die hier aufgeworfenen Fragen reichen weit in den bevölkerungspolitischen Diskurs hinein. Sie tangieren ebenso die Fragen nach Wert und Beginn menschlichen Lebens. Es wird in einigen Aussagen deutlich, wie schmal die Trennlinie zwischen der Argumentation von Abtreibungsgegner_innen und Feminist_innen ist.

Einige Akteur_innen verschieben den Konflikt um die Frage nach einem grundsätzlichen Recht auf Abtreibung auf diesen – öffentlich ebenfalls vieldiskutierten – Teilaspekt der selektiven Abtreibung. In der Konsequenz trägt das mit dazu bei, dass sich Konfrontation und Engagement nach innen verlagern, was wiederum dazu führt, dass die überschaubaren Kräfte der Engagierten dadurch gebunden werden.

Austausch zwischen den Generationen

Dass sich die feministische Bewegung von Beginn an auch mit Abtreibung auseinandergesetzt hat, wurde bereits erläutert. Inwiefern das Verschwinden der Abtreibungsdebatte aus dem öffentlichen und dem feministischen Raum auf einen Generationenkonflikt zurückzuführen ist, wird im Folgenden näher beleuchtet. Dabei soll auch die Frage aufgegriffen werden, ob es im Austausch zwischen den Generationen Ursachen dafür gibt, dass (junge) Frauen gegenwärtig ein geringes Wissen über die Hintergründe zur Abtreibungsregelung haben. Dass dieser Aspekt befragungswürdig ist, zeigt sich u.a. in der Geschichte der Frauenbewegung generell. So stellt Kerstin Wolff (2012) als Ursache für die Geschichtslosigkeit der Frauenbewegung der 1970er Jahre fest, dass das Bild, das nach 1945 von der *ersten* Frauenbewegung vermittelt und tradiert wurde, den Frauen in den 1970er Jahren kein Identifikationspotenzial bot und deshalb die Vorgängerinnen und deren Errungenschaften und Erfahrungen von der *zweiten* Frauenbewegung kaum gewürdigt wurden. (Vgl. ebd., S. 257 – 275) Gleichzeitig greift dieser Ansatz unter dem Gesichtspunkt der Vielfalt der feministischen Bewegungen (vgl. Schmincke, 2012, S. 316), die bereits skizziert wurde, nur begrenzt[45].

Die Befragten haben das Gefühl, Pionierinnen sein zu müssen, und den Eindruck, dass das Wissen aus den vergangenen frauenbewegten Zeiten verloren gegangen ist. Vor allem jungen Frauen fehle das Bewusstsein, welche Anstrengungen und Kämpfe dazu beigetragen haben, dass die Situation heute so ist, wie sie ist, und welche Defizite nach wie vor bestehen. Offenbar gelingt es aber auch nicht ohne Weiteres, dass ein Austausch zwischen den Generationen stattfindet, obwohl, wie Interviewte bestätigen, Versuche dahingehend unternommen werden.

Bevor sie sich der Analyse der Hintergründe für das Scheitern von Austausch und Zusammenarbeit widmen, betonen alle, dass das Interesse an Erfahrungen und Aktivitäten der jeweils anderen Generation besteht und dass es vereinzelt auch generationenübergreifende Aktivitäten gibt.

Zunächst kann festgestellt werden, dass die älteren Frauen verfolgen, wie sich Feminismus unter Jüngeren entwickelt. Von Älteren konkret benannt werden das *Missy Magazine*, *Mädchenmannschaft* und die *Gazelle*. Die Älteren bringen in den Interviews deutlich ihre Anerkennung und Neugier über die Macherinnen dieser Medien zum Ausdruck. Gleichzeitig besteht bei den jungen Interviewten und in deren Wahrnehmung ein großes Interesse an den persönlichen Erfahrungen älterer Frauen/Feministinnen und der Wunsch, daraus für die Gegenwart zu lernen. Den jüngeren Interviewten geht es ausdrücklich auch darum, die

---

45 Als Begründung führt Schmincke (2012) an, dass die Beschreibung des Feminismus in Wellen eine Engführung darstelle, die eine »Einheitlichkeit genereller Erfahrungen postuliert«, die es so nicht gibt (vgl. Schmincke, 2012, S. 316). Zur Kritik der Metapher der Wellen vgl. auch Wolff(2012), S. 274.

Erfahrungen aus der politischen Arbeit für heutiges Engagement zu reflektieren und zu nutzen.

Diese Aussagen könnten vermuten lassen, dass die bereits beschriebene Unwissenheit jüngerer Generationen in Bezug auf Abtreibung nicht aus einem mangelnden Austausch der Generationen resultieren. Allerdings, dass sollte hier in die Bewertung der Aussagen einfließen, handelt es sich bei den Interviewten um frauenpolitisch Interessierte, die sich über die für sie relevanten Themen informieren. Ein regelmäßiger Austausch – organisiert oder auch informell – findet auch in diesem Kontext nicht statt. Deshalb werden im Folgenden drei mögliche Ursachen beschrieben, durch die ein Generationendialog aus Sicht der Befragten scheitern kann.

(1) Die Aktionsschwerpunkte und -formen der Generationen sind zum Teil sehr unterschiedlich. Besonders deutlich treten Unterschiede dort zutage, wo ältere Feministinnen auf Queerfeminist_innen treffen, die sich nicht nur mit anderen Themen beschäftigen, sondern sich auch in ihren Sprechweisen von den Älteren unterscheiden. Das verlangt gegenseitige Anstrengungen, um sich zu verstehen. Die Bereitschaft dazu, so einige Interviewte, sei nicht immer vorhanden. Das muss allerdings nicht zwingend als ein Ausschlusskriterium für intergenerationelle Zusammenarbeit gesehen werden. Eine Gelassenheit bei allen Beteiligten und die Fähigkeit, Prinzipien infrage zu stellen und wohlwollend aufeinander zu blicken, könne zu Entschärfung von Konflikten, die sich an Sprache und Sprechweisen entzünden, beitragen.

Hinsichtlich der Aktionsformen, gibt es generationsbedingte Unterschiede. Die hängen zum Teil damit zusammen, dass die älteren Frauen häufig institutionell gebunden sind und dementsprechend nicht gleichermaßen frei agieren können, wie es jüngere Feministinnen tun.

(2) Teilweise haben sich Ältere aus der politischen Aktivität zurückgezogen. Für einige trifft möglicherweise zu, dass sie nach den frustrierenden Erfahrungen die Kraft für lautes, politisches Streiten verloren haben und sie die Verantwortung nun bei den Jüngeren sehen. Andere sind keineswegs müde oder kraftlos, sondern politisch sehr aktiv, dabei allerdings eingebunden in

Strukturen, die bei allem frauenbewegten Engagement eine gewisse Angepasstheit und Zurückhaltung erfordern können. Daneben wird Erwerbsarbeit im Allgemeinen, die Verantwortung für Familien und die damit verbundene Bündelung von Arbeitskraft, die dann nicht mehr für politische Arbeit frei ist, benannt. Andere ältere Frauen sind mittlerweile möglicherweise auch selbst durch die gesellschaftlichen Wirkmechanismen stark beeinflusst, sodass sie nicht mehr ihre frühere Haltung vertreten können. Eine Interviewte berichtet von einer ehemaligen Abgeordneten des Bundestages, die in den 1970er Jahren vehement für die Streichung des § 218 eingetreten war. Im hohen Alter habe sie ihre Position von früher jedoch stark infrage gestellt und davon gesprochen, dass – sie das Recht auf Abtreibung für alle Frauen nicht mehr vertreten könnte. Was hier von älteren Interviewten beschrieben wird, entspricht dem, was in der Literatur unter Institutionalisierung und Professionalisierung der Frauenbewegung diskutiert wird (vgl. Lenz, 2010).

(3) An dritter Stelle werden die Erklärungen zusammengefasst, die im Zusammenhang mit den Herausforderungen der Frauenbewegung durch die unterschiedlichen Erfahrungen in der alten BRD und der DDR und die Wiedervereinigung stehen.

Eine der ostsozialisierten Interviewten konstatiert, dass es in der DDR keine Frauenbewegung gegeben habe[46]. Die Fristenregelung in der DDR sei, so die allgemeine Wahrnehmung, ohne eine vorausgegangene feministische Bewegung zustande gekommen. Weder Bürgerinnen der DDR noch der einzige Frauenverband der DDR, der Demokratische Frauenbund Deutschland (dfd), noch die Wissenschaft oder andere nichtparlamentarische Teile der DDR-Gesellschaft seien beteiligt gewesen. In der Wahrnehmung vieler DDR-Bürger_innen sei die Entscheidung über das Gesetz zum Schwangerschaftsabbruch in der DDR einzig von der Volkskammer, dort vornehmlich von

---

46 Ilse Lenz (2010) skizziert dagegen in ihrer Quellensammlung zur »Neuen Frauenbewegung in Deutschland« auch die Entwicklungen der Frauenbewegung in der DDR. Offensichtlich gibt es eine Kontroverse darüber, ob es in der DDR eine Frauenbewegung gab. Vgl. dazu Lenz, 2010, S. 23 ff.

älteren Männern, beschlossen und verabschiedet worden. Auch hätten Frauen in der DDR eine tiefe Abneigung gegenüber dem Feminismus. In der DDR wäre ein sehr eingeschränktes Bild vom Feminismus als männerfeindliche Bewegung verbreitet gewesen, welches den DDR-Frauen nicht entsprochen habe. Die Regierung der DDR habe dies unterstützt. Vor allem mit der Postulierung, die Gleichstellungsfrage sei gelöst, wären alle, die weiterhin Forderungen zur Gleichstellung der Geschlechter erhoben, lächerlich gemacht worden. Tatsächliche Probleme von Frauen aufgrund geschlechtsbedingter Ungleichheiten seien individualisiert worden. Zur Wiedervereinigung trafen dann Frauen aus West und Ost aufeinander und ließen die Frauenbewegung, wie die Interviewten beschreiben, noch einmal aufflammen. Allerdings habe es ungünstige Begleitumstände gegeben. Zum einen seien vollkommen unterschiedlich sozialisierte Frauen aufeinander getroffen, vor allem in politischer Hinsicht. Das habe das gemeinsame Auftreten erschwert. Die Frauen aus der DDR hätten auch ganz grundsätzlich durch ihre Sozialisation eine größere politische Distanz aufgewiesen. Durch die negativen Erfahrungen, die viele mit ihrer politischen Beteiligung in DDR gemacht hätten, sei die Abneigung von Menschen aus der DDR gegenüber organisierter Strukturen nach der Wiedervereinigung sehr ausgeprägt gewesen. Das habe ebenfalls zur Zurückhaltung hinsichtlich politischer Partizipation und v.a. hinsichtlich des Eintretens und Mitwirkens innerhalb einer (Massen-)Bewegung beigetragen.

Ein weiterer Umstand, der das frauenpolitische Engagement nach der Wiedervereinigung erheblich beeinträchtigt hätte, seien die gewaltigen existenziellen Umbrüche, die der Systemwechsel für die Menschen der ehemaligen DDR mit sich brachte, gewesen. Für die Frauen aus dem Osten hätten andere Themen Priorität gehabt, was für Frauen aus der alten BRD zum Teil schwer nachvollziehbar gewesen sei.[47]

---

47 Fischer resümiert, dass sich die Lebensmodelle von DDR-Frauen deutlich von dem der Versorger-Ehe der BRD-Frauen unterschied und deshalb die Wiedervereinigung » aus westdeutscher Sicht mit einiger Hoffnung auf inhärente Emanzipationsschübe verbunden war [...]«

Wie viel Wissen über die Entwicklungen nach der Wiedervereinigung unter Jüngeren verbreitet ist, ist schwer zu bestimmen. Die Interviewten der jüngeren Generation beziehen sich jedenfalls nicht darauf. Vermutungen der Interviewten, weshalb dies der Fall sei, stimmen mit den Analysen über die *3. Generation Ost* überein. Gemeint sind Menschen, die zwischen 1975 und 1985 in der DDR geboren wurden, ihre Kindheit dort erlebten, aber im wiedervereinigten Deutschland erwachsen wurden. Diese Analysen weisen darauf hin, dass diese Generation weitgehend ohne elterliche Orientierung und Unterstützung den Weg ins Erwachsenenleben finden musste. Grund sei die massive Unsicherheit der Eltern gewesen, die selbst völlig absorbiert von den neuen Herausforderungen waren. Gleichzeitig führten die Abwertung der DDR sowie schuldhafte Verstrickungen Vieler dazu, dass die Elterngeneration ihren Kindern wenig über konkrete Erfahrungen, die über ritualisierte Erzählungen hinausgingen, mitteilte. (Hacker et al. 2012, S. 11f.)

Die Wiedervereinigung habe, auch aus Sicht der Interviewten, zwar Chancen für eine starke Frauenbewegung und – damit verbunden – für die Übernahme der selbstbestimmten Fristenlösung aus der DDR-Gesetzgebung geboten. Allerdings hätten Frauen aus beiden deutschen Teilen, v.a. aber die Frauen aus der ehemaligen DDR, vor gewaltigen Herausforderungen gestanden, die das Engagement für eine emanzipatorischere Regelung der Abtreibung in den Hintergrund rücken ließen. Nach einer kurzen frauenpolitischen Welle seien die Frauen aus der ehemaligen DDR vor allem damit beschäftigt gewesen, einen neuen Alltag zu leben.

Dieser Transformationsprozess wurde umfassend analysiert, so die Wahrnehmung zumindest einer Interviewten. Viele Untersuchungen würden sich den Beschäftigungseinbrüchen und deren Auswirkungen insbesondere auf Frauen widmen. Gespräche und Austausch über das, was war, und das, was verloren ging, hatten da offenbar keinen Platz gehabt. Die *Ostfrauen* waren – nach dem Systemumbruch einerseits und frustrierenden Verlusten

---

(Fischer, 2010, S. 508).

innerhalb der eigenen Lebenswirklichkeit andererseits – offenbar erschöpft und ausgebrannt (vgl. Ockel, 2000, S. 96; 108).

Die Interviewaussagen weisen deutlich darauf hin, dass a) ein Austausch stattfindet, wenn auch nicht immer direkt, sondern vermittelt und b) auch ein Interesse an diesem Austausch besteht. Zum Teil wurde dieses Interesse in organisierten Formaten bedient. Es bleibt offen, ob und wenn ja, in welchen Formen der Austausch zukünftig intensiviert werden sollte. Wichtige Voraussetzung für das Gelingen eines intergenerationellen Dialogs ist es aus Sicht einiger Interviewter, vorbehaltlos zu sein und keine Berührungsängste zu haben.

Zusammenfassend zeigen die Interviews, dass es einen Generationen*konflikt* zwischen älteren und jüngeren Feministinnen nicht gibt. Es existieren zwar die beschriebenen Differenzen beispielsweise hinsichtlich der Organisations- und Aktionsformen. Keine diese Differenzen führt jedoch zu einem Konflikt in dem Sinne, dass sich die Generationen voneinander abzugrenzen versuchen oder sogar ablehnend aufeinander reagieren. Einen wirklichen Austausch/Dialog zwischen den beiden Generationen gibt es allerdings auch nicht. Die meisten Interviewten jedenfalls weisen darauf hin, dass ein Erfahrungsaustausch bereichernd wäre. Aber einige hinterfragen auch die Notwendigkeit dieses Austauschs und erwägen, dass das Agieren in unterschiedlichen Räumen der gemeinsamen Sache zuträglich sein kann.

Ein Blick auf die Geschichte des Feminismus zeigt, dass sich bereits die bewegten Frauen der 1970er Jahre »geschichtslos« erlebten (vgl. Wolff, 2012, S. 257). Wolff (2012) konstatiert den Bruch zwischen der *ersten* und der *zweiten* Frauenbewegung in Deutschland in den Nachkriegsjahren und die Notwendigkeit der vollkommenen Neuorganisation der Frauenbewegung (vgl. ebd.).

Die Umwälzungen, die mit der Wiedervereinigung einhergingen, sind sicherlich nur eingeschränkt vergleichbar mit dem Ende des Nationalsozialismus. Die Neuorganisation der Frauenbewegung war aber auch in dieser Zeit, in der sich ein ganzes Gesellschaftssystem neu organisieren musste, notwendig (vgl. Lenz, 2010, S. 27).

Möglicherweise ist ein Bruch im Generationenaustausch zeitlich hier zu verorten. Verknüpft mit den unterschiedlichen Realitäten der Frauen aus Ost- und Westdeutschland und den damit einhergehenden Brüchen, ergibt sich ein komplexer Zusammenhang von unterschiedlichen Erwartungen und Erfahrungen, die in dieser Zeit aufeinander getroffen sind und wahrscheinlich nachhaltig die Verständigung erschwert haben.

Gesellschaftliche Ebene

In den Interviews wird sehr deutlich, dass sowohl die individuelle als auch die aktivistische Ebene von gesamtgesellschaftlichen Entwicklungen beeinflusst sind. Der folgende Abschnitt beleuchtet, inwiefern dies aus Sicht der Befragten zur Sprachlosigkeit im Zusammenhang mit Abtreibung beiträgt. Freilich können nur einige Punkte angerissen werden, eine tiefergehende Analyse ist an dieser Stelle nicht möglich.

In den Aussagen der Interviewten spiegelt sich sehr stark wider, wie zentral die gegenwärtige Situation der Abtreibungsdebatte von einem ethisch-moralischen Diskurs beeinflusst ist. Dies werde medial beeinflusst und vorangetrieben, indem beispielsweise in den ohnehin seltenen öffentlichen Diskussionen jeweils die moralischen Argumente von Befürworter_innen und Gegner_innen von Abtreibungsrecht und Selbstbestimmung plakativ gegenübergestellt würden. Die mediale Darstellung verbinde die befürwortenden, emanzipatorischen Positionen bevorzugt mit Jugend, Verwirrung und Verantwortungslosigkeit. Die ablehnenden, konservativen Positionen werden mit Verantwortungsbewusstsein und Beständigkeit in Zusammenhang gestellt. So werde ein diffuses Bild von Abtreibung als etwas Schlechtes und zu Vermeidendes manifestiert. Allerdings haben die Befragten auch die Erfahrung gemacht, dass die Haltung, Abtreibung abzulehnen scheinbar vielmehr einer Art Gewohnheit entspricht als einer bewussten, begründeten Positionierung.[48] Für Engagier-

---

48 Schweppenhäuser schreibt in seinen » *Grundbegriffen der Ethik* « dazu, was denn Sitten und Moral seien: »Moralische und sittliche Phänomene sind keine Naturgegebenheiten, sondern etwas, was Menschen selbst hervorbringen, auch wenn sie sich darüber gar nicht im

te erwachse daraus die Aufgabe, zunächst Klischees zu entkräften und Fakten zu vermitteln. Dies führe häufig dazu, dass Gesprächspartner_innen ihre Positionen überdenken. Jedoch wird das von den Interviewten als mühselig und anstrengend empfunden. Die eigene Offenheit im Umgang mit dem Thema Abtreibung führe ebenso dazu, Menschen für das Thema zu sensibilisieren und deren differenzierte Haltung hinter dem scheinbar kategorischen »Ich bin dagegen« zu erfahren. Die beinah gewohnheitsmäßige Ablehnung von Abtreibung hat für die interviewten Frauen ihre Ursprünge hauptsächlich im Einfluss der ›*christlichen Werte*‹ bzw. der Kirchen, den sie an allen gesellschaftlichen Bereichen identifizieren. Besonders brisant empfinden sie, dass sich aufgrund der tiefen Verwurzelung dieser Werte in der westlichen/ deutschen Gesellschaft ihnen niemand entziehen kann. Die de facto nicht vorhandene Trennung von Kirche und Staat in Deutschland und damit das Ausmaß des Einflusses, den die christlichen Kirchen auf politische Prozesse und Entscheidungen haben, kritisieren alle Befragten massiv. Die Verbindungen von fundamental-christlichen Abtreibungsgegner_innen und Regierungspolitik benennen die Interviewten ganz direkt. An dieser Stelle sei noch einmal auf »*Deutschland treibt sich ab*« (Sanders, Jentsch, & Hansen, 2014) verwiesen. Deutlich wird aus den Aussagen die Wahrnehmung, dass im Grunde den Abtreibungsgegner_innen die Deutungshoheit über Abtreibung in der öffentlichen Debatte überlassen worden sei. Aus der Bildungsarbeit mit Jugendlichen kennen Interviewte, wie sich dieser Einfluss nicht nur auf die Haltung gegenüber Abtreibung auswirkt, sondern ganz grundlegend auf eine Wertehaltung. Die sei bei Jugendlichen zunehmend stärker an traditionellen Werten orientiert, was als große Gefahr gesehen angesehen wird, da damit ein grundsätzlicher Rückfall in tradierte Rollenbilder einhergehe. Errungenschaften und vermeintliche Selbstverständlichkeiten für Selbstbestimmungsrecht stünden immer häufiger infrage und bedürften der Verteidigung und Rechtfertigung. Wenn eine Gesellschaft traditionellen Rollenbildern verhaftet ist und die traditionelle Familie (nach dem Mutter-Vater-Kind-Modell)

Klaren sind.« (vgl. (Schweppenhäuser, 2003, S. 17)

als das *höchste Gut* bezeichnet, definiert diese Gesellschaft Frau sein auch immer mit Mutter sein. Abtreibung gerate damit also zusätzlich in einen Bereich des Indiskutablen.

Die Verfügbarkeit von Verhütungsmitteln wurde bereits im Zusammenhang mit den individuellen Schuldgefühlen von ungewollt Schwangeren thematisiert. Aus einem gesellschaftspolitischen Blickwinkel verdient dies noch einmal Erwähnung. Eng verknüpft mit einem Sprechen über Verhütung ist das Sprechen über Sexualität insgesamt. Das finde – trotz wahrnehmbarer Sexualisierung in den Medien – dort, wo es um ein persönliches Sprechen geht, im Grunde nicht statt und hat damit wiederum direkte Auswirkungen auf ein Sprechen über Abtreibung als Folge gelebter Heterosexualität.

Hintergrund der gesamtgesellschaftlichen Haltung ist aus Sicht der Interviewten eine tief verinnerlichte Moral, die von den meisten Menschen nicht hinterfragt wird. Einige wenige soziologische Erhebungen, dazu zählen die *Allgemeine Bevölkerungsumfrage der Sozialwissenschaften* (ALLBUS) (vgl. GESIS, 2012) und auch die Jugendsexualitätsstudie *PARTNER 4 (vgl. Weller, 2013)*, erfassen die Einstellung zur Abtreibung. Die Ergebnisse stellen sich in einer ersten Analyse durchaus widersprüchlich und kontrovers dar. Vor allem der selbstbestimmten Entscheidung der Schwangeren stehen die Befragten in beiden Untersuchungen überwiegend ablehnend gegenüber. Im *ALLBUS* (2012) antworten auf die Frage, ob es gesetzlich möglich sein sollte, einen Schwangerschaftsabbruch vornehmen zu lassen, wenn die Schwangere es will, unabhängig vom Grund 41% zustimmend, 59 % lehnen das ab (vgl. GESIS-Leibnizinstitut für Sozialwissenschaften, 2012, S. 42). In *PARTNER 4* (2013) sprechen sich die befragten ostdeutschen Jugendlichen (15 – 19 Jahre) auf die Frage, wie sie zum Schwangerschaftsabbruch stehen, vorwiegend dafür aus, dass ein Abbruch an Bedingungen geknüpft sein sollte (Abbruch in Ausnahmesituationen: 32%; Fristenlösung mit Beratungspflicht: 36%). Wenige befürworten die Fristenlösung ohne Beratungspflicht, wie sie in der DDR galt (16%). (Vgl. Weller, 2013, S.105.)

Beeinflusst und immer wieder erneuert wird diese Moral aus Sicht der Interviewten durch die christlichen Kirchen und durch Aktivitäten radikaler Abtreibungs-gegner_innen. Die stellen jedoch nur einen extremen Flügel der Kirchen dar. Christliche Werte und Bewertungen sind tief in der Gesellschaft verankert und nehmen massiven Einfluss auf Politik und Gesetzgebung.

Die Interviewten konstatieren Rückschritte in der gesellschaftlichen Entwicklung hinsichtlich der Gleichstellung der Geschlechter, was sich beispielsweise an der Idealisierung von Familie verdeutlicht und sich auch in Bezug auf die Einstellung gegenüber Abtreibung bemerkbar macht. Den Umgang mit einem öffentlichen Sprechen über Sexualität, das ihrer Meinung nach nur in überzogener, tendenziöser Art und Weise stattfindet, problematisieren sie ebenfalls. Dass ein persönliches oder ernsthaftes Sprechen über Sexualität tabuisiert ist, hat ihrer Meinung nach direkte – negative – Auswirkungen auf die Thematisierbarkeit von Abtreibung.

Prognosen und Wünsche

Abschließend wurden die Frauen in den Interviews gebeten, ihre Prognosen und Wünsche in Bezug auf die weitere Entwicklung der Abtreibungsdebatte zu äußern.

Die Prognosen der Interviewten lassen sich in drei Gruppen aufteilen: Stillstand, Verschlechterung und Verbesserung

Stillstand

Hinsichtlich des Engagements für ein Recht auf Abtreibung geht ein Teil der Interviewten davon aus, dass es nicht gelingen wird, in naher Zukunft eine breite Masse von Menschen zu mobilisieren. Gesamtgesellschaftlich, politisch und medial gebe es schlicht derzeit kein Interesse an einem Diskurs über Abtreibung. Zwar werden in Ansätzen neuerliche Aktivitäten feministischen Engagements wahrgenommen. Es sei jedoch unwahrscheinlich, dass in den nächsten Jahren eine Mobilisierung gegen den § 218 StGB stattfindet. Gleichzeitig vermuten die wenigsten Interviewten, dass es eine tatsächliche Gesetzesänderung in Richtung

Einschränkung des Rechts auf Abtreibung geben wird. Eine parlamentarische Befassung ist für die Interviewten sogar völlig unvorstellbar. Auch, weil Abtreibung von keiner Seite in dem Ausmaß problematisiert oder skandalisiert werde. Eine Interviewte formuliert, dass es trotzdem möglich sein sollte, hinsichtlich der Zugangsmöglichkeiten oder der Pflichtberatung eine Debatte in Gang zu setzen. Die Schwierigkeiten, die sich daraus für die Trägerverbände/-vereine von Schwangerschaftskonfliktberatungsstellen ergeben würden – so reflektiert sie in der gleichen Aussage –, schmälerten jedoch auch die Erfolgsaussichten. Ein breites Bündnis sei auch dafür schwierig zu mobilisieren.

Verschlechterung

Am häufigsten prognostizieren die Interviewten eine Verschlechterung: Sie äußern Befürchtungen, dass konservative Strömungen ihren Einfluss ausdehnen könnten und das Thema Abtreibung möglicherweise zukünftig noch stärker aus der öffentlichen Wahrnehmung verdrängten. Die Betonung der argumentativen Verknüpfung von Menschenrechtsdiskursen und dem Schutz des ›ungeborenen Lebens‹ könnte dazu führen. Das Recht auf reproduktive Selbstbestimmung für Frauen werde dadurch weiter marginalisiert. Zusätzlich würden die Rechte von Menschen mit Behinderung und das Recht auf reproduktive Selbstbestimmung gegeneinander ausgespielt. Dass es ein wachsendes Bewusstsein für die Herausforderungen im Zusammenhang mit Spätabtreibung nach pränatal-diagnostischem Befund gibt, bewerten die Interviewten als notwendig. Sie sehen aber auch die Schwierigkeit, im Licht dieser Debatten für ein Recht auf Abtreibung einzutreten. Restriktionen und Gesetzesverschärfungen werden von einigen wenigen Interviewten nicht ausgeschlossen. Sie deuten aber an, dass mit den stärkeren Restriktionen auch der Widerstand von feministischer Seite wachsen könne.

Verbesserung

Die positiven Prognosen fallen sehr vorsichtig aus, vor allem bei den jungen Frauen. Eine besonders optimistische Aussage kommt von einer älteren Interviewten. Sie sieht großes Potenzial für

Widerstand, Aufbruch und neue Bündnisse. Junge feministische Medien würden dabei eine wichtige Rolle einnehmen. Sie hätten die Möglichkeit, Abtreibung als Thema von Artikeln und Beiträgen breiter zu streuen und Debatten anzustoßen. Ihnen komme auch die Aufgabe zu, Bündnisoptionen zu sondieren.

Zusammenfassend lässt sich feststellen, dass die Prognosen der Frauen weder besonders optimistisch noch besonders pessimistisch ausfallen. Zum Teil beinhaltet eine Aussage sogar beide Richtungen. Allgemein entsteht der Eindruck, als seien die Frauen wachgerüttelt. Sie beobachten genau die gesellschaftlichen Entwicklungen. Zunächst aus Wachsamkeit und Vorsicht, aber auch auf der Suche nach den günstigen Momenten, um das Recht auf Abtreibung wieder stärker in den Diskurs einzubringen.

Wünsche

Wie alle Aussagen, sind auch die Wünsche der Interviewten höchst subjektiv und individuell. Bestenfalls geben sie aber anderen Aktivist_innen, selbstorganisiert oder in Verbandstrukturen eingebunden, Anknüpfungspunkte für das weitere emanzipatorische und (queer-)feministische Engagement für ein Recht auf Abtreibung.

Die Wünsche oszillieren zwischen konkreten Handlungsschritten, die sich einzelne Frauen zukünftig wünschen, und der großen Utopie der ersatzlosen Streichung des § 218 StGB. Der am häufigsten geäußerte Wunsch ist, das Thema Abtreibung wieder stärker in die Gesellschaft einzubringen. Die Anerkennung von Abtreibung als eine mögliche Folge gelebter Heterosexualität und eine Entmoralisierung der Debatte ist den Interviewten ebenfalls wichtig. Weiterhin sprechen sie an, dass die Zugangs- und Wahlmöglichkeiten verbessert werden sollten und dies auch als Thema für Aktivist_innen stärker in den Fokus rücken sollte. Damit verbunden ist der Wunsch, dass die feministische Bewegung insgesamt das Recht auf Abtreibung als Frauenrecht wieder stärker auf die Agenda setzt und sich dazu auch stärker untereinander vernetzt. Eine von einem breiten Bündnis getragene Haltung zur Abtreibung wird generell als wünschenswert betrachtet, gerade

auch um den bedauerlicherweise gut vernetzten Abtreibungsgeg-
ner_innen und Konservativen etwas entgegensetzen zu können.
Frauen in ihrer Selbstbestimmung zu unterstützen, sie in ihrer
Entscheidung zu stärken und ihnen zu vermitteln, dass sie das
Recht haben, zu entscheiden, ist ein von mehreren Interviewten
geäußerter Wunsch. Die ersatzlose Streichung des § 218 StGB
wird hingegen nur von wenigen direkt als Wunsch ausgespro-
chen. In allen Interviews schwingt eines aber deutlich mit: es wird
als ein elementares Recht erachtet, dass Frauen die Entscheidung
über das Austragen oder Beenden einer Schwangerschaft selber
treffen können – ohne Beeinflussung durch staatliche oder kirch-
liche Institutionen.

5 Handlungsimpulse – Empowerment, sichere Räume und Vernetzung

Scham und Schuldgefühle von Frauen, die abgetrieben haben, wurden als Gründe für die vorherrschende Sprachlosigkeit benannt. Ebenso gut, und an anderer Stelle mehrfach geschehen, werden diese Schuldgefühle von Frauen nicht als Ursache, sondern als Folge der Sprachlosigkeit in den Fokus gerückt. Wenn beides seine Berechtigung hat, müsste hier von einem Teufelskreis, oder weniger dramatisierend gesprochen, von einem Zyklus die Rede sein. Unter dieser Annahme erklärt sich, weshalb es in frauenpolitisch aktiven Kontexten immer schwieriger zu werden scheint, sich des Themas Abtreibung anzunehmen. Wie in den Interviews ebenfalls deutlich wurde, haben Abtreibungsgegner_innen sehr viel weniger Hemmungen, Abtreibung zu thematisieren. Das könnte daran liegen, dass sie scheinbar einen Ausweg aus dem Teufelskreis gefunden haben: die Vermeidung der schambesetzten Praktik. Die Herausforderung für Befürworter_innnen eines Rechts auf Abtreibung ist es, einen Ausweg aus diesem Zyklus zu finden. Nach Ansicht der Autorin gibt es dafür drei Ansatzpunkte, die sich auf drei Ebenen befinden:

Auf der Ebene ungewollt schwangerer Frauen müsste es darum gehen, sie in ihrer Entscheidungskompetenz zu bestärken, ihnen Schuld- und Schamgefühle zu nehmen, kurz gesagt: Empowerment.

Auf einer nächsten Ebene müsste es darum gehen, Frauen zu ermutigen, offen mit anderen Menschen über ihre Abtreibungserfahrungen zu sprechen. Dies muss sich keineswegs auf eine breite Öffentlichkeit beziehen. Ob dieses Sprechen im persönlichen Umfeld emotional oder eher pragmatisch ist, ist zunächst nicht von Bedeutung. Von Bedeutung ist, dass dieses Sprechen überhaupt stattfindet und damit das Schweigen gebrochen wird.

Auf gesamtgesellschaftlicher Ebene müsste (wieder) sichtbar werden, dass Frauen ungewollt schwanger werden und sich dafür entscheiden, die Schwangerschaft abzubrechen. Das würde auch dazu beitragen, dass Wissen über Abtreibung in der Gesellschaft insgesamt zu vergrößern und Informationen leichter zugänglich zu machen. Damit verbunden sein müssten klare und verständliche Botschaften, weshalb es ein Recht auf Abtreibung geben muss. Hiermit könnten vor allem die Menschen erreicht werden, die aufgrund mangelnden Wissens und vorauseilender Vorsicht Abtreibung ablehnen, aber nach Aufklärung und Information durchaus einsehen, dass es dieses Recht geben muss.

Die drei benannten Ebenen bieten sich als Betätigungsfelder unterschiedlicher Gruppen an:

Auf der individuellen Ebene können Vereine und Verbände, die langjährige Erfahrung in der Schwangerschaftskonfliktberatung haben, aktiv werden. In den Pflichtberatungen könnten die Berater_innen den Fokus (wieder) mehr darauf richten, die Frauen zu stärken, sich den Hintergrund ihres beratenden Tuns bewusster machen und mit diesem Bewusstsein – das nicht anders als frauenbewegt sein kann – den Frauen begegnen, sie bestärken und ermutigen.

Auf der zweiten Ebene, die vorrangig das soziale Umfeld betrifft, können vor allem selbstorganisierte Gruppen ihre Kompetenzen im Schaffen geschützter Räume einbringen. Diese Räume können Teil einer Szeneöffentlichkeit sein, könnten aber auch, und das wäre notwendig, um mehr Frauen den Zugang dazu zu ermöglichen, in Zusammenarbeit mit anderen lokalen Akteur_innen (bspw. den Konfliktberatungsstellen) szeneübergreifend sein. In diesen Räumen wäre Frauen ein Austausch über ihre Erfahrungen möglich – sicher vor Verurteilung, aber doch offen.

Wenn es darum geht, Abtreibung auf gesamtgesellschaftlicher Ebene sichtbar zu machen, wird es ohne ein Bündnis derjenigen, die sich für ein Recht auf Abtreibung aussprechen, nicht gehen. Nachdem die verschiedenen Konfliktlinien deutlich wurden, aber eben auch das Bedürfnis nach Bündnissen und vor allem der Wunsch nach Aktion und Veränderung – für Frauen –, sollte es zukünftig darum gehen, ein Thema und eine Position dazu zu finden, worunter sich viele Aktivist_innen – ältere und jüngere, radikalere und gemäßigtere, autonome und institutionalisierte – finden. Ein solcher Konsens wird, wenn die wenigen Aktiven nicht auf Verschärfungen und Repressionen warten wollen, nicht zufällig entstehen, sondern kann nur Produkt von Austausch und Aushandlung sein. Daneben können Uneinigkeiten über einzelne Aspekte des komplexen Themas bestehen bleiben.

Aber um radikalen Abtreibungsgegner_innen und repressiven Kräften nicht weiter die Hoheit über die Abtreibungsdebatte zu überlassen, ist es dringend geboten, sich zusammenzuschließen und gemeinsame Positionen und vor allem Ziele zu entwickeln.

Diese Ziele sollten über einen Protest gegen Abtreibungsgegner_innen hinausgehen und positiv formuliert sein. Wenn dieses Bündnis etwas anbieten kann, wofür sich das Engagement lohnt, kann es auch attraktiv werden für eine größere Zahl von Menschen. Außerdem ist das Engagement *für* etwas möglicherweise weniger frustrierend als das Reagieren auf und der Widerstand *gegen* etwas.

Literaturverzeichnis

Achtelik, K. (2012). Gegen die »Märsche für das Leben« – Eine Er-
folgsgeschichte. In Familienplanungszentrum-BALANCE (Hrsg.),
*Die neue Radikalität der Abtreibungsgegner_innen im internationa-
len Raum. Ist die sexuelle Selbstbestimmung in Gefahr?* (S. 81 – 84).
Neu-Ulm: AG SPAK Bücher.

Affront (2011). Abtreibung. Oder wie soziale und rechtliche Zustände
einer Frau die Selbstbestimmung absprechen. In: Affront (Hrsg.),
Darum Feminismus! Diskussionen und Praxen (S. 210 – 219).
Münster: Unrast.

Arresin, L. (1996). Schwangerschaftsabbruch in der DDR. In G. Staupe, & L. Vieth (Hrsg.), *Unter anderen Umständen. Zur Geschischte
der Abtreibung* (S. 86 – 95). Dortmund: edition Ebersbach.

Becker, R. & Kortendiek, B. (Hrsg.). (2010). *Handbuch Frauen- und
Geschlechterforschung. Theorie, Methoden, Empirie.* Wiesbaden: VS
Verlag für Sozialwissenschaften.

Bitzan, M., & Daigler, C. (2001). *Eigensinn und Einmischung. Einführung in Grundlagen und Perspektiven parteilicher Mädchenarbeit.*
Weinheim und München: Juventa.

Bock, S. (2010). Frauennetzwerke: Geschlechterpolitische Strategie
oder exklusive Expertinnennetze? In: R. Becker & B. Kortendieck
(Hrsg.), *Handbuch Frauen- und Geschlechterforschung. Theorie,
Methoden, Empirie* (S. 878 – 886). Wiesbaden: VS Verlag für Sozialwissenschaften.

Bohnsack, R. (1999). *Rekonstruktive Sozialforschung. Einführung
in Methodologie und Praxis qualitativer Forschung.* Opladen:
Leske+Budrich.

Boltanski, L. (2007). *Soziologie der Abtreibung.* Frankfurt am Main:
Suhrkamp.

Bretz, L.; Lantzsch, N. (2014). *Queer_Feminismus. Label und Lebensrealität.* Münster: Unrast

Bude, H. (2008). Qualitative Generationsforschung. In: U. Flick, E.
von Kardorff, & I. Steinke (Hrsg.), *Qualitative Sozialforschung.
Ein Handbuch* (S. 187 – 194). Hamburg: Rowohlt Taschenbuch
Verlag.

Bundesministerium für Frauen, Senioren, Familie und Jugend (2011).
*Neue Wege – Gleiche Chancen. Gleichstellung von Frauen und Män-
nern im Lebensverlauf. Erster Gleichstellungsbericht.* Berlin.

Busch, U. (2010). *Sexuelle und reproduktive Gesundheit und Rechte. Nationale und internationale Perspektiven.* Baden-Baden: Nomos.

Busch, U. (2010). Sexuelle und reproduktive Gesundheit und Recht – Zu Geschichte und Aktualität eines Paradigmenwechsels. In: U. Busch (Hrsg.), *Sexuelle und reproduktive Gesundheit und Rechte. Nationale und internationale Perspektiven* (S. 9 – 21). Baden-Baden: Nomos.

Busch, U. (2012). Tabuthema Schwangerschaftsabbruch. Eine Positionierung zum Thema Abtreibung im Kontext reproduktiver Rechte ist wichtig. *pro familia Magazin* 3/4 2012, S. 4 – 6.

Cordes, M. (1995). *Die ungelöste Frauenfrage. Eine Einführung in die feministische Theorie.* Frankfurt am Main: Fischer Taschenbuch Verlag.

Czolleck, L., Perko, G., Weinbach, H. (Hrsg.). (2009): *Lehrbuch Gender und Queer: Grundlagen, Methoden und Praxisfelder.* Weinheim. Beltz Juventa.

Deutsche Stiftung Weltbevölkerung (2012). *Das Recht auf Entscheidung. Familienplanung, Menschenrechte und Entwicklung. Weltbevölkerungs-bericht 2012. Kurzfassung.* UNFPA/Deutsche Stiftung Weltbevölkerung (Dt. Fassung). Hannover: Deutsche Stiftung Weltbevölkerung.

Diehl, S. (Hrsg.). (2007). *Deproduktion. Schwangerschaftsabbruch im internationalen Kontext.* Aschaffenburg: Alibri.

Diehl, S. (2010). Die Stigmatisierung von Abtreibung in Politik und Medizin. Hintergründe und Folgen. In: U. Busch (Hrsg.), *Sexuelle und reproduktive Gesundheit und Recht. Nationale und internationale Perspektiven* (S. 63 – 84). Baden-Baden: Nomos.

Diekmann, A. (2009). *Empirische Sozialforschung. Grundlage, Methoden, Anwendungen* .Hamburg: Rowohlt Taschenbuch Verlag.

Duden, B. (2002). *Die Gene im Kopf – der Fötus im Bauch. Historisches zum Frauenkörper.* Hannover: Offizin.

Duden, B. (2007). *Der Frauenleib als öffentlicher Ort. Vom Missbrauch des Begriffs Leben.* Frankfurt am Main: Mabuse Verlag.

Eismann, S., Köver, C., & Lohaus, S. (2012). 100 Seiten Popfeminismus. In: P.-I. Villa, J. Jäckel, Z. S. Pfeffer, N. Sanitter, & R. Steckert, *Banale Kämpfe? Perspektiven auf Popular-kultur und Geschlecht* (S. 39 – 57). Wiesbaden: VS Verlag für Sozialwissenschaften.

Ellerstorfer, U. (2010). Nationale Herausforderungen aus fachpolitischer Perspektive des Fach- und Dienstleistungsverbandes pro familia. In: U. Busch (Hrsg.), *Sexuelle und reproduktive Gesundheit und Rechte. Nationale und internationale Perspektiven* (S. 37 – 45). Baden-Baden: Nomos.

EMMA. (Januar/ Februar 2007). 35 Jahre Frauenbewegung. Die Chronik der Erfolge. *EMMA*, S. 116 – 120.

Familienplanungszentrum BALANCE (Hrsg.). (2012). *Die neue Radikalität der Abtreibungs-gegner_innen im (inter-)nationalen Raum. Ist die sexuelle Selbstbestimmung von Frauen heute in Gefahr?* Neu-Ulm: AG SPAK Bücher.

Fiala, C. (2012). Psychische Gewalt getarnt als freie Meinungsäußerung. In: Familienplanungszentrum BALANCE (Hrsg.), *Die neue Radikalität der Abtreibungsgegner_innen im (inter-)nationalen Raum. Ist die sexuelle Selbstbestimmung von Frauen heute in Gefahr?* (S. 55 – 59). Neu-Ulm: AG SPAK Bücher.

Fischer, U. L. (2010). Transformation. Der Systemwechsel und seine Erkundung in der Frauen- und Geschlechterforschung. In: R. Becker, & B. Kortendiek (Hrsg.), *Handbuch Frauen- und Geschlechterforschung. Theorie, Methoden, Empirie* (S. 507 – 512). Wiesbaden: VS Verlag für Sozialwissenschaften.

Flick, U., von Kardoff, E., & Steinke, I. (Hrsg.). (2008). *Qualitative Forschung. Ein Handbuch.* Hamburg: Rowohlt Taschenbuch Verlag.

Franz, J. (2012). Der Staat sitzt mit am Tisch. Pflichtberatung vor dem Schwangerschaftsabbruch. *pro familia Magazin* 3/4 2012, S. 23 – 24.

Frauenkultur e.V. (2013). *Das Wendeprojekt. Alltägliches aus 1989. Uta Schlegel.* Von: http://www.frauenkultur-leipzig.de/Angebote/Wendeprojekt/09_Uta_ Schlegel/ Uta_Schlegel.html am 10.05.2013 abgerufen

Frauen gegen den § 218 – Bundesweite Koordination (Hrsg.). (1989). *Frauen fordern Selbstbestimmung.* Hamburg.

Fritzsche, A. (1992). Die Entwicklung des Abtreibungsrechts in der DDR. In: K. Thietz (Hrsg.), *Ende der Selbstverständlichkeit? Die Abschaffung des § 218 in der DDR. Dokumente* (S. 18 – 22). Berlin: Basis Druck Verlag.

Gerhard, U. (1995). *Unerhört. Die Geschichte der deutschen Frauenbewegung.* Reinbek: Rowohlt.

Gerhards, J. (1998). *Zwischen Palaver und Diskurs. Strukturen öffentlicher Meinungsbildung am Beispiel der deutschen Diskussion zur Abtreibung.* Opladen/ Wiesbaden: Westdeutscher Verlag.

GESIS – Leibnizinstitut für Sozialwissenschaften (2012). *ALLBUScompact – Allgemeine Bevölkerungsumfrage der Sozialwissenschaften.* Köln: GESIS

Haaf, M., Klingner, S., & Streidl, B. (2008). *Wir Alphamädchen. Warum Feminismus das Leben schöner macht.* Hamburg: Hoffmann und Campe.

Hacker, M., Maiwald, S., Staemmler, J., Enders et al. (Hrsg.). (2012). *Dritte Generation Ost. Wer wir sind, was wir wollen.* Berlin: Ch. Links Verlag.

Hahn, D. (2000). *Modernisierung und Biopolitik. Sterilisation und Schwangerschaftsabbruch in Deutschland nach 1945.* Frankfurt/ New York: Campus.

Hahn, D. (2012). Bevölkerungsdiskurs und Abtreibungsrecht. *pro familia Magazin* 3/4 2012, S. 7 – 9.

Harris, S. (03. Januar 2013). Glück ohne Gott. *Die ZEIT*, S. 48.

Herzog, D. (2011). *Sexuality in Europe. A Twentieth-Century History.* Cambridge: University Press.

Hoffmann-Riem, C. (1980). Die Sozialforschung einer interpretativen Soziologie. Der Datengewinn. *Kölner Zeitschrift für Soziologie und Sozialpsychologie*, S. 339 – 372.

Hohnsbein, H. (2012) Aktivitäten fundamentalistisch-christlicher selbsternannter Lebensschützer. In: Familienplanungszentrum BALANCE (Hrsg.), *Die neue Radikalität der Abtreibungs-gegener_innen im (inter-)nationalen Raum. Ist die sexuelle Selbstbestimmung von Frauen heute in Gefahr* (S. 31 – 37). Neu-Ulm: AG SPAK Bücher.

Holland-Cunz, B. (2003). *Die alte neue Frauenfrage.* Frankfurt am Main: Suhrkamp.

Hummel, D. (2000). *Der Bevölkerungsdiskurs. Demographisches Wissen und politische Macht.* Opladen: Leske + Budrich.

Jentsch, U., & Sanders, E. (2012). »Deutschland treibt sich ab.« Christlicher Antifeminismus und »Lebensschutz«-Organisationen in Berlin. In: Familienplanungszentrum BALANCE (Hrsg.), *Die neue Radikalität der Abtreibungsgegner_innen im (inter-)nationalen Raum. Ist die sexuelle Selbstbestimmung von Frauen heute in Gefahr?* (S. 38 – 46). Neu-Ulm: AG SPAK Bücher.

Jerouschek, G. (1996). Zur Geschichte des Abtreibungsverbots. In: G. Staupe, & L. Vieth (Hrsg.), *Unter anderen Umständen. Zur Geschichte der Abtreibung* (S. 11 – 26). Dortmund: edition Ebersbach.

Jerouschek, G. (2002). *Lebensschutz und Lebensbeginn. Die Geschichte des Abtreibungs-verbots* (Bde. Rothenburger Gespräche zur Strafrechts-geschichte, Band 3). Tübingen: edition diskord.

Kagerbauer, L. (2008). *Hier sind wir! Junge feministische Sozialpäd-agoginnen und ihre Auffassung zu einem Dialog der Generationen.* Darmstadt: Büchner - Verlag.

Klaus, E. (November 2008). Antifeminismus und Elitefeminismus - Eine Intervention. *feministische Studien 2/2008*, S. 176 – 186.

Kleps, E. (kein Datum). *Frauenbewegung.* Von: DDR 1989/90: http://www.ddr89.de/ddr89/frauen/inhalt_frauen.html am 03.04.2013 abgerufen

Kreisky, E., & Sauer, B. (Hrsg.). (1998). *Geschlecht und Eigensinn. Feministische Recherchen in der Politikwissenschaft.* Wien: Böhlau.

Kuhlmann, A. (1996). *Abtreibung und Selbstbestimmung. Die Intervention der Medizin.* Frankfurt am Main: S.Fischer.

Kühnemund, H. (Hrsg.). (2009). *Generationen. Multidisziplinäre Perspektiven.* Wiesbaden: VS Verlag für Sozialwissenschaften.

Lenz, I. (Hrsg.). (2010). *Die neue Frauenbewegung in Deutschland. Abschied vom kleinen Unterschied. Ausgewählte Quellen.* Wiesbaden: VS Verlag für Sozialwissenschaften.

lila offensive(kein Datum). *frauen in die offensive!.* Von: lila offensive: http://www.frauenkreise-berlin.de/lilo/index.html am 03.04.2013 abgerufen

Lohaus, S. (2012) Wem gehört dein Bauch? Karte über Verhütung und Abtreibung in Europa. *Missy Magazine* 3/2012, S. 90 – 91.

Mädchenmannschaft (9. Mai 2012). *Offener Brief ans Frauenministe-rium übergeben.* Von Mädchenmannschaft:http://maedchenmann-schaft.net/ offener-brief-ans-frauenmi-nisterium-uebergeben/am 19.07.2013 abgerufen

Marx Feree, M., Gamson, W., Gerhards, J., & Rucht, D. (2002). *Shaping abortion discourse: democracy and the public sphere in Germany an the United States.* Cambrigde: University Press.

Mayring, P. (1995). *Qualitative Inhaltsanalyse. Grundlagen und Tech-niken.* Weinheim: Deutscher Studien Verlag.

Mayring, P. (2002). *Einführung in die qualitative Sozialforschung.* Weinheim und Basel: Beltz.

Meinefeld, W. (2008). Hypothesen und Vorwissen in der qualitativen Forschung. In: U. Flick, E. von Kardorff, & I. Steinke (Hrsg.), *Qualitative Forschung. Ein Handbuch* (S. 265 – 275). Hamburg: Rowohlt Taschenbuch Verlag.

No Fundis-No 218. (12. März 2013). *Gegen Abtreibungsverbot und christlichen Fundamentalismus.* Von http://no218nofundis.word-press.com/ am 28.07.2013 abgerufen

Notz, G. (2012a). Alle Jahre wieder: Die Märsche der Abtreibungsgegner_innen. In: Familienplanungszentrum BALANCE (Hrsg.), *Die neue Radikalität der Abtreibungsgegner_innen im (inter-)nationalen Raum. Ist die sexuelle Selbstbestimmung von Frauen heute in Gefahr?* (S. 49 – 55). Neu-Ulm: AG SPAK Bücher.

Notz, G. (2012b). Perspektiven sexueller Selbstbestimmung in der Familienplanung. In: Familienplanungszentrum BALANCE (Hrsg.), *Die neue Radikalität der Abtreibungsgegner_innen im (inter-)nationalen Raum. Ist die sexuelle Selbstbestimmung von Frauen heute in Gefahr* (S. 25 – 30). Neu-Ulm: AG SPAK Bücher.

Ockel, E. (2000). *Die unendliche Geschichte des &218. Erinnerungen und Erlebnisse.* Berlin: edition ost.

OECD (2012). *Closing the Gender Gap: Act Now.* OECD Publishing. von

  http://dx.doi.org/10.1787/9789264179370-en am 20.11.2014 abgerufen

Paulus, J., Silies, E.-M. & Wolff, K. (Hrsg.). (2012). *Zeitgeschichte als Geschlechtergeschichte. Neue Perspektiven auf die Bundesrepublik.* Frankfurt/ Main: Campus-Verlag.

pro familia Bundesverband. (2000). *Standpunkt Pränatale Diagnostik.* Frankfurt/ Main: pro familia.

Riemann-Hanewinckel, C. (2010). Frauen brauchen nicht nur die Hälfte des Himmels. Internationale Herausforderungen aus der Perspektive politischer Verantwortung. In: U. Busch (Hrsg.), *Sexuelle und reproduktive Gesundheit und Rechte. Nationale und internationale Perspektiven* (S. 22 – 36). Baden-Baden: Nomos.

Sanders, E., Jentsch, U., Hansen, F. (2014). *Deutschland treibt sich ab. Organisierter »Lebensschutz«. Christlicher Fundamentalismus. Antifeminismus.* Münster: Unrast

Schenk, H. (1980). *Die feministische Herausforderung. 150 Jahre Frauenbewegung in Deutschland.* München: Beck.

Schmincke, I. (2012). Von der Politisierung des Privatlebens zum neuen Frauenbewusstsein: Körperpolitik und Subjektivierung von Weiblichkeit in der Neuen Frauenbewegung Westdeutschlands. In: J. Paulus, E.-M. Silies, & K. Wolff (Hrsg.), *Zeitgeschichte als Geschlechtergeschichte. Neue Perspektiven auf die Bundesrepublik* (S. 297 – 317). Frankfurt/ New York: Campus.

Schröder, K. (2012). *Danke, emanzipiert sind wir selber! Abschied vom Diktat der Rollenbilder.* München: Piper.

Schulz, K. (2012). Kommentar: Allgemeine Geschichte und Feminismusgeschichte: Die Frauenbewegung in der Geschichte der Bundesrepublik. In: J. Paulus, E.-M. Silies, & K. Wolff (Hrsg.), *Zeitgeschichte als Geschlechtergeschichte. Neue Perspektiven auf die Bundesrepublik* (S. 318 – 327). Frankfurt/ New York: Campus.

Schwarzer, A. (Winter 2011). *Keine Altersfrage.* Von EMMA: http://v. emma.de/hefte/ausgaben-2011/winter-2011/schwarzer-vs-schroeder/ am 19.07.2013 abgerufen

Schweiger, P. (2012). Mythen über den Schwangerschaftsabbruch. *pro familia Magazin* 3/4 2012, S. 17 – 18.

Schweppenhäuser, G. (2003). *Grundbegriffe der Ethik. Zur Einführung.* Hamburg: Junius.

Starke, K. (1980). *Junge Partner. Tatsachen über Liebesbeziehungen im Jugendalter.* Leipzig: Urania-Verlag

Starke K., Friedrich, W. (1984). *Liebe und Sexualität bis 30.* Berlin: Deutscher Verlag der Wissenschaft.

Statistisches Bundesamt. (2013). *destatis. Schwangerschaftsabbrüche nach rechtlicher Begründung, Dauer der Schwangerschaft und vorangegangenen Lebendgeborenen.* Von https://www.destatis.de/DE/ ZahlenFakten/ GesellschaftStaat/Gesundheit/Schwangesschaftabbrueche/Tabellen/RechtlicheBegruendung.html;jsessionid=4D F0A5B40333142EE6952F777E553E97.cae2 am 13.07.2013 abgerufen

Staupe, G. & Vieth, L. (1996). *Unter anderen Umständen. Zur Geschichte der Abtreibung.* Dortmund: edition Ebersbach.

Thietz, K. (Hrsg.). (1992). *Ende der Selbstverständlichkeit? Die Abschaffung des § 218 in der DDR. Dokumente.* Berlin: Basis Druck Verlag.

Thon, C. (2008). *Frauenbewegung im Wandel der Generationen. Eine Studie über Geschlechterkonstruktionen in biographischen Erzählungen.* Bielefeld: Transcript.

Thürmer-Rohr, C. (2008). Mittäterschaft von Frauen. Die Komplizenschaft mit der Unterdrückung. In: R. Becker, & B. Kortendiek (Hrsg.), *Handbuch Frauen- und Geschlechterforschung. Theorie, Methoden, Empirie* (S. 88 – 93). Wiesbaden: VS Verlag für Sozialwissenschaften.

Trumann, A. (2002). *Feministische Theorie. Frauenbewegung und weibliche Subjektbildung im Spätkapitalismus.* Stuttgart: Schmetterling Verlag.

Trumann, A. (2007). Die individualisierte Eugenik. In: S. Diehl (Hrsg.), *Deproduktion. Schwangerschaftsabbruch im internationalen Kontext* (S. 178 – 184). Aschaffenburg: Alibri.

Verwaltungsgericht Freiburg. (07. Dezember 2011). *Verbot von »Gehsteigberatung« bestätigt.* Von http://vgfreiburg.de/servlet/PB/menu/1272786/index.html? ROOT= 1192792 am 13.07.2013 abgerufen

von Behren, D. (2004). *Die Geschichte des § 218 StGB* (Bd. Rothenburger Gespräche zur Strafrechtsgeschichte. Band 4). Tübingen: edition dikord.

Weller, K. (1991a). *Der Partner III-Report. Jugendsexualität. Sexualität und Partnerschaft der 16- bis 18jährigen Ostdeutschen im Vergleich 1980 – 1990.* Leipzig: Forschungsstelle der Gesellschaft für Sexualwissenschaft, Eigenverlag.

Weller, K. (1991b). *Das Sexuelle in der Deutsch-deutschen Vereinigung.* Leipzig.

Weller, K. (Hrsg.). (2013). *Jugendsexualität 2013. PARTNER 4 – Sexualität und Partnerschaft ostdeutscher Jugendlicher im historischen Vergleich. Tabellenband 2013 – 1990 – 1980.* Merseburg.

Williams, A. (2007). Manipulative Hilfsangebote im Internet. In: S. Diehl (Hrsg.), *Deproduktion. Schwangerschaftsabbruch im internationalen Kontext* (S. 138 – 145). Aschaffenburg: Alibri.

Wolff, K. (2012). Ein Traditionsbruch? Warum sich die autonome Frauenbewegung als geschichtslos erlebte. In: J. Paulus, E.-M. Silies, & K. Wolff (Hrsg.), *Zeitgeschichte als Geschlechtergeschichte. Neue Perspektiven auf die Bundesrepublik.* Frankfurt/ New York: Campus Verlag.

World Health Organization. (2008). *Unsafe Abortion. Global and regional estimates of the incidence of unsafe abortion and associated mortality in 2008.* Genf: WHO.